Maria Muñoz Muñoz

Ponte en mis zapatos

Ernst Klett Sprachen
Stuttgart

1. Auflage 1 5 4 3 2 1 | 2025 24 23 22 21

Internetadresse: www.klett-sprachen.de
www.lektueren.com

Redaktion: Marcelo Rodríguez
Layoutkonzeption: Andreas Drabarek
Gestaltung und Satz: Satzkasten, Stuttgart
Umschlaggestaltung: Andreas Drabarek
Titelbild: Shutterstock (vectorfusionart), New York
Audio (Aufnahmen und Herstellung): Eclair Barcelona
Sprecher: Gonzalo Durán
Druck und Bindung: Salzland Druck GmbH & Co. KG, 39418 Staßfurt

Printed in Germany

ISBN 978-3-12-535628-3

9 783125 356283

Ponte en mis zapatos

Índice

Diese Lektüre eignet sich für Leserinnen und Leser ab Ende des Niveaus A2.

Zu diesem Buch gibt es Audiodateien, die mit der Klett-Augmented-App geladen und abgespielt werden können.

Klett-Augmented-App kostenlos downloaden und öffnen | Bilderkennung starten und **diese Seite** scannen | Medien laden, direkt nutzen oder speichern

Prólogo

Las historias sobre conflictos familiares entre padres e hijos nos acompañan desde nuestra más tierna infancia a través de la literatura, el cine y la televisión. Dependiendo de en qué época de nuestra existencia nos encontremos al leerlas o verlas, qué tareas nos hayamos propuesto o qué pruebas nos ponga por delante la vida en sus no pocos momentos cruciales, nuestra percepción del conflicto familiar planteado en una obra cualquiera y de su alcance se amoldará a una etapa concreta de nuestra vida, ya sea por normal empatía humana, ya sea por directa identificación con algunos de los personajes, convirtiéndose en algo atemporal e imborrable en nuestra memoria como lectores/as o espectadores/as. Es por eso que este tipo de historias deja huellas a largo plazo, porque cualquiera de nosotros recordará tarde o temprano y sin dificultad escenas claves de la misma.

Esto es lo que esperamos que *Ponte en mis zapatos* logre hacer con vosotros/as, queridos/as lectores/as: mover alguna fibra de identificación o de empatía aun muchos años después de haber leído el relato. Que algunas de las entrañables o turbulentas escenas de esta conmovedora historia os marque de tal manera que, aunque sea muy vagamente, Jorge, Miguel o alguno de sus otros personajes os venga a la memoria en algún momento de vuestras vidas, quién sabe, tal vez dentro de muchos años.

La doble potencialidad de identificación en un conflicto entre generaciones como el de esta historia hace de *Ponte en mis zapatos* un atractivo relato tanto para adultos como para jóvenes que se

---

3 **tierno** zart | 3 la **infancia** Kindheit | 7 **crucial** entscheidend | 7 la **percepción** Wahrnehmung | 8 el **alcance** Tragweite, Reichweite, Bedeutung | 9 **amoldar(se)** (s.) anpassen | 11 **imborrable** unauslöschlich | 13 una **huella** Spur | 17 **mover una fibra** *loc fig etwa* den emotionalen Nerv treffen | 19 **entrañable** innig, herzlich

encuentran al final de su trayectoria escolar y ya a las puertas de la adultez con sus luchas interiores entre mandatos intergeneracionales y los deseos de trazar su propio camino.

La capacidad de ponerse en los zapatos de otra persona es una valiente muestra de esta empatía de la que hablamos. La importancia del significado de este giro idiomático del español, por cierto también existente en inglés, no se limita ya a lo que se dicen los personajes unos a otros, sino que además trasciende la historia misma y apela a nuestra empatía como lectores/as, exhortándonos a sentir lo que viven los personajes bajo nuestra propia piel. Ponerse en los zapatos de alguien es una muestra de respeto, de consideración, de madurez y de inteligencia interpersonal, una prueba más de que los personajes de nuestras *Historias que viven* están sacados de nuestra realidad y nuestra vida cotidiana, y de que están hechos del mismo material humano que nosotros, haciéndonos a los/las lectores/as un personaje más.

Esperamos que disfrutéis de la lectura de *Ponte en mis zapatos* y que aprendáis mucho español con ella.

La redacción

---

1 una **trayectoria escolar** Schullaufbahn | 2 un **mandato** Auftrag | 3 **trazar** entwerfen, skizzieren | 6 un **giro idiomático** Redewendung | 9 **exhortar** zu etw auffordern, ermahnen | 11 la **consideración** Rücksicht | 12 la **madurez** Reife | 17 **disfrutar** genießen

1. Miguel

Miguel sube la escalera de dos en dos, se mete en la oficina y se dirige a su escritorio. Su hermana Sara desde su propia mesa le mira asombrada.

—Hola Miguel…, qué temprano llegas hoy —dice—. ¿No ibas a estar toda la mañana donde Manolo?

—Hola Sara…, pues sí —le responde Miguel—, pero imagínate que por un pelo papá me ve ahí… Llegó media hora antes a su cita, y yo aún estaba ahí, con la bata, observando y escuchando cómo trabaja Manolo cuando de pronto por la ventana le veo venir. Salí corriendo por la puerta de atrás justo en el momento que él entraba por la de adelante.

—¡Vaya susto!… —responde Sara—. Pero chico, ¿no te atreves finalmente a decirle que quieres estudiar Medicina y que vas a dejar la zapatería? Además, no creo que Manolo siendo amigo de papá esté muy contento con esta situación: te apoya activamente en tus proyectos profesionales y papá no debe saber nada de ello.

—Ya… Es que me gustaría decírselo con cierta calma. Pero nunca tiene tiempo, nunca… Además, me da miedo su reacción.

—¿Y no crees que a lo mejor ya lo intuye?

—La verdad que no, Sara. Creo que la única persona que desde siempre se ha dado cuenta de mi pasión por la Medicina has sido tú. Y nunca te has reído de mis lecturas ni de mis dibujos anatómicos. ¿Te acuerdas cuando tenía diez años un día se lo comenté a papá y se rio de ello? Y entonces comencé a hacerlo todo en secreto… Papá solo vive para su empresa y me ve también a mí solo como parte de ella. Pero pase lo que pase, este otoño me matricularé, en Alcalá.

---

2 **dirigirse a** s. (irgendwohin) begeben | 4 **asombrado** erstaunt | 8 **por un pelo** *loc* um ein Haar | 9 una **bata** Arztkittel | 13 un **susto** Schreck | 13 **atreverse** s. trauen (etw zu tun) | 22 **darse cuenta de uc** etw bemerken

—Entiendo, Miguel. Sabes, me alegro de que al menos ya tengas el valor de tomar la decisión. Ya llevas tantos años sufriendo por hacer algo que no te convence… ¿Se lo dirás pronto?

—Sara, la verdad que no sé… Es como un peso, pero nunca parece ser el momento adecuado. Espero llegar aún a tiempo. Y me gustaría decírselo yo mismo. Por favor, no le digas nada, ¿vale?

—Naturalmente, hermanito —sonríe Sara—. Pero díselo cuanto antes y no a último momento y deprisa.

2. Una realidad ignorada

—Chico, como tu médico y como tu amigo solo te digo una cosa —le comenta Manolo a Jorge—: estás hecho polvo. Tus valores son un desastre, especialmente el colesterol. Tu tensión anda por las nubes. Y tus dolores de pecho, ni te digo. Si sigues así, siempre corriendo…

—Ah… —dice Jorge—. ¿Y tú qué me recomiendas, pues?

—Vacaciones, Jorge. Va-ca-cio-nes. ¿Cuántos años llevas sin tomarte unos días libres?

—Recordarás que soy empresario, ¿no? —pregunta Jorge—. No me puedo dar el lujo de vagar por ahí.

—Es cosa tuya, Jorge —dice Manolo—. ¿Pero crees realmente que la empresa se hundirá si faltas unos días o incluso semanas?

—Manolo, me gustas por ser tan directo, no te andas con vueltas. ¿Pero entonces, según tu experiencia, se me puede sustituir en cualquier momento? ¡Qué barbaridad estás diciendo!¡¿Y yo toda la vida sacrificándome para qué?!

---

2 el **valor** Mut | 3 **convencer** überzeugen | 5 **adecuado** geeignet, passend | 8 **deprisa** in Eile | 11 **estar hecho polvo** *loc coloq* fix und fertig sein | 12 **andar por las nubes** *aquí:* estar muy alto | 19 **vagar** faulenzen | 21 **hundirse** untergehen | 22 **andarse con vueltas** *loc* um den heißen Brei herumreden | 23 **sustituir** ersetzen | 24 **¡Qué barbaridad estás diciendo!** *coloq* Ist ja unglaublich, was du sagst! | 25 **sacrificarse** s. (auf-)opfern

—No me entiendas mal, Jorge. Siempre has puesto tu corazón en todo el mundo menos en ti mismo. Pero si sigues así, te arruinas física y anímicamente, y luego ya no le sirves a nadie. Tu cuerpo te está dando un aviso bien claro: cambia tu forma de ir por la vida. Hazme el favor y reflexiona sobre eso.

—Me lo pienso —dice Jorge y se levanta. —Y ahora me tengo que ir. A las dos tengo una cita con un cliente…

—Pues a ver si es verdad —responde Manolo—. ¿Nos vemos pasado mañana, el miércoles, como siempre?

—Sí —dice Jorge—, a la una en el bar Cibeles. Hasta pasado mañana.

—Hasta el miércoles.

Por la ventana Manolo ve a Jorge salir del edificio caminando deprisa. Se sube al coche y se va.

—Siempre a mil por hora, el tío —murmura. Luego sonríe, pensando en la fila interminable de pacientes que aún le esperan —. A Jorge le advierto que no puede seguir así… ¿y yo?

Suspira, mira la ficha médica de su siguiente paciente, se levanta de la mesa y se acerca a la sala de espera.

—¿Señora Martín?

La paciente entra en su despacho y Manolo cierra la puerta.

3. En el restaurante

Hay un atasco enorme y Jorge está nervioso. La cita es en un restaurante con un cliente alemán responsable de la compra de nuevos productos en una empresa que comercia con zapatos ecológicos.

---

2 arruinarse s. ruinieren | **3 física y anímicamente** = físicamente y anímicamente; körperlich und seelisch | **15 murmurar** murmeln | **16** una **fila** Schlange, Reihe | **17 advertir** (e→ie) **a up de uc** jdn auf etw hinweisen | **18 suspirar** seufzen | **18** una **ficha médica** Patientenakte | **23** un **atasco** Stau

Diez minutos después de las dos entra en el restaurante. Reconoce al señor Hofmann por las conversaciones por Skype. Está sentado al fondo. Jorge se acerca.

—Disculpe, señor Hofmann. Estos atascos…

El señor Hofmann se levanta sonriente y se saludan.

—No se preocupe, señor Torres. Hace años viví en Madrid y conozco esto de sobra.

—¿Ah sí? Con razón habla español tan fluidamente.

Los dos hombres se sientan y cuando se acerca Pili, la camarera, piden la carta. Al principio Jorge se siente más tranquilo, pero de pronto le viene un fuerte dolor en el pecho.

—¿Le pasa algo, necesita ayuda? —quiere saber el señor Hofmann—. Está pálido, señor.

—No, no es nada —responde Jorge. El dolor lentamente desaparece, tiene perlas de sudor en la frente—. Todo está bien, no se preocupe.

—Esto son las putas prisas —dice el señor Hofmann, muy sereno. Jorge le mira con asombro. ¡Vaya expresión!

—Yo ya he aprendido a ser más calmado —sigue el señor Hofmann—. Mi médico me ha dicho que he estado a punto de un infarto. ¿De qué servimos al mundo bien muertos, eh? Al fin y al cabo la vida es corta… ¿no?

Jorge le escucha atónito.

—Y disculpe que sea tan directo —completa el señor Hofmann—. Desde que comprendí que mi vida tiene un límite no pierdo tiempo con mentiras piadosas. Digo lo que pienso y derechito.

—Me gusta la gente franca —responde Jorge, sincero.

---

3 al fondo hinten | **6 preocuparse** s. sorgen | **7 de sobra** zur Genüge | **8 con razón** verständlicherweise | **8 fluido** flüssig | **13 pálido** blass | **14 desaparecer** verschwinden | **15** el **sudor** Schweiß | **17** las **putas prisas** *vulg* die verdammte Eile | **18 sereno** gelassen | **21 al fin y al cabo** schlussendlich | **23 atónito** fassungslos, sprachlos | **26** una **mentira piadosa** Notlüge | **26 derecho** geradeaus | **28 franco** direkt, offen

Por suerte, el dolor de momento no vuelve, pero le deja asustado y piensa que Manolo tal vez tenga razón. Luego el señor Hofmann comenta su tiempo en España y Jorge cuenta la historia de su manufactura.

—Es la herencia de una generación a la siguiente. Mi abuelo era un talentoso zapatero y fundó un pequeño taller—recuerda—. Él era uno de esos que aman su oficio y por ello se convierten en maestros de su arte. Mi padre lo convirtió después en una verdadera empresa y yo poco a poco la he llevado por las vías de la producción ecológica y del bien común.

— ¿Y tiene hijos que colaboran también?

— Sí. Tengo dos hijos. La mayor, Sara, está por cumplir treinta y está metida desde pequeña en la zapatería. Cuando iba al colegio, después de las clases volvía a casa y apenas terminaba los deberes ella solita se iba corriendo a la fábrica. Si no me pongo pesado con ella, ni saca el grado superior. Hoy ella domina el oficio y la burocracia. Prácticamente es mi mano derecha. Y para colmo tiene la afición de coleccionar zapatos tradicionales de todo el mundo.

— Excelente, una hija ejemplar—comenta el Sr. Hofmann.

—Mi hijo Miguel tiene ahora veintidós años. También está metido en todo. Es decir, los dos me echan buena mano.

—¿Y su mujer apoyaba las inquietudes tempranas de su hija?

—Sí, lo hizo. Ella también era de una familia de zapateros.

—¿Era?

—Soy viudo desde hace doce años.

—Oh, lo lamento. Disculpe mi indiscreción…

—No se preocupe. No podía saberlo, ¿no?

---

1 **asustar** erschrecken | 5 una **herencia** Erbe | 6 **fundar** gründen, aufmachen | 6 **un taller** Werkstatt | 7 un **oficio** Handwerk, Beruf | 15 **ponerse pesado** *coloq* jmdm auf die Nerven gehen | 16 **sacar el grado superior** Oberstufe abschließen (in Spanien endet die Oberstufe nicht mit einer Prüfung, die die Hochschulreife bescheinigt. Die „selectividad" oder „PAU" (Prueba de Acceso a la Universidad) findet extra statt.) | 17 **para colmo** obendrein | 18 una **afición** Vorliebe, Neigung, Hobby | 21 **echar una (buena) mano** *coloq* (ordentlich) mit anpacken | 22 **apoyar** unterstützen, fördern | 22 las **inquietudes** *pl* Neigungen, Interessen

—La historia de su empresa es bella e interesante, y con buenas perspectivas —comenta el señor Hofmann después de una pequeña pausa.

Durante la charla han comido. Cuando terminan de comer Jorge se levanta.

—Discúlpeme un momento. ¿Le apetece un café? Lo podría encargar de paso.

—Con mucho gusto —responde el señor Hofmann—.

Jorge se dirige al baño y entra. No hay nadie más allí. Se acerca al lavabo, abre el grifo y se enjabona lentamente las manos. Lo hace muy concentradamente pero de pronto se fija en su imagen en el espejo. Ve a un señor mayor en vaqueros y camisa blanca. Pelo negro corto, ojos marrones, delgado, de estatura mediana. Tiene arrugas y bastantes canas.

—Oye chico, estás envejeciendo… —murmura—. Pero por dentro te sientes joven como siempre. ¿Por qué difiere tu percepción interior de la realidad de tu cuerpo, chico, eh? ¿Por una confusión, un autoengaño?

«Déjate ya de pamplinas —oye una voz en su interior—. Compórtate como una persona seria y no pierdas el tiempo con pensamientos inútiles». —Es la voz de su padre.

Jorge se seca las manos y sonríe a su imagen con cierta amargura:

—Soy un viejo solitario de cincuenta y cinco años que habla consigo mismo y que todavía obedece a su padre que ya murió hace años.

Por suerte, afuera espera el señor Hofmann y Jorge de hecho no tiene tiempo para filosofar. Sale del baño y se acerca a la barra.

10 un **grifo** Wasserhahn | 10 **enjabonar** einseifen | 11 **fijarse en** auf etw/jdn achten, bemerken | 14 una **arruga** Falte | 18 un **autoengaño** Selbstbetrug (→ engañar) | 19 (una) **pamplina(s)** *pl coloq* Flause | 19 **comportarse** s. benehmen | 22 **secar(se)** (s.) trocknen | 25 **obedecer** gehorchen | 28 una **barra** Tresen

—Oye, Pili, tráenos un café expreso y uno solo, y prepárame la factura, ¿vale?

—Habéis consumido un pollo al ajillo y un filete de ternera, dos porciones de patatas fritas, una botella de agua sin gas y media de vino tinto, ¿no?

—Sí.

—Más los dos cafés…, a ver, aquí tienes, Jorge.

Jorge paga la factura y vuelve a la mesa.

—Mire, señor Torres —le dice el señor Hofmann—. Me ha impresionado lo que me acaba de contar y me gustaría mucho conocer su empresa. Voy a estar en Madrid hasta el jueves y podría visitarle si le parece.

—Con mucho gusto —dice Jorge—. Si quiere, ahora concretamos algo sobre los modelos que le podrían interesar. Así puedo preparar su visita. Ya me había comentado algo por correo electrónico…

El señor Hofmann está de acuerdo y Jorge le enseña dos colecciones de zapatos en su tableta.

—Vale —responde el señor Hofmann—. ¿Le parece bien si nos vemos mañana sobre las cinco de la tarde en su fábrica?

—Perfecto —asiente Jorge—. Mañana a las cinco de la tarde en la empresa. La dirección la tiene, ¿verdad?

—Sí, la tengo, no se preocupe. De encontrar el camino se encarga el navegador.

El señor Hofmann llama a Pili.

—La cuenta, por favor.

—Ya está pagada, señor.

—Oh, gracias, señor Torres. No hacía falta…

—No faltaba más, señor Hofmann. He disfrutado conversando con usted y me alegro de que nos visite mañana.

---

21 **asentir** (e→ie) zustimmen | 23 **encargarse de uc** etw übernehmen | 29 **¡No faltaba más!** Das ist doch selbstverständlich!

—Yo también, señor Torres. Hasta mañana entonces.

—Hasta mañana, señor Hofmann.

Los dos se estrechan la mano y salen del restaurante.

4. Camino a la oficina

—Un paso adelante —dice Jorge en voz baja cuando se va acercando al coche—. Y vaya casualidad que el señor Hofmann me cuente justo lo que me acaba de decir Manolo…

Mira el reloj. Ya son las cuatro. A las cuatro y media hay una entrevista con una candidata para reforzar la administración de la empresa. ¿Cómo se llamaba? Ah, sí, Marisa García, de unos cincuenta años… Es decir, le toca apurarse bastante para llegar a tiempo.

Cuando quiere arrancar el coche le entra vértigo. La sangre palpita fuertemente en sus orejas. Necesita esperar hasta sentirse mejor. Ya lo conoce: pasará, igual que los dolores.

Después de dos minutos saca el móvil y llama a Sara.

—Oye Sara, que me voy a retrasar algo. La cita con el señor Hofmann ha durado algo más de lo pensado.

—Vale, papá, tranquilo, no te preocupes. Hasta que llegues le enseñaré la fábrica a la señora García.

—Fenomenal, Sara, eres un tesoro. ¡Hasta luego!

—Hasta luego, papá. Ve con cuidado, ¿vale?

—Sí, no te preocupes.

—Resulta que ahora soy yo el niño y mis hijos me dicen lo que tengo que hacer —gruñe Jorge después de colgar. Pero sonríe. ¿Qué haría sin sus hijos Sara y Miguel?

---

3 **estrechar la mano a up** jdm die Hand reichen | 5 un **paso** Schritt | 9 **reforzar** (o→ue) verstärken | 11 **apurarse** s. beeilen | 13 **arrancar** starten | 13 el **vértigo** Schwindel | 17 **retrasarse** s. verspäten | 21 un **tesoro** Schatz | 22 el **cuidado** Vorsicht | 25 **gruñir** murren, grummeln | 25 **colgar** (o→ue) hängen, aufhängen, *aquí*: auflegen, ein Telefongespräch beenden

—Ojalá pronto tengamos a alguien que al menos nos alivie el trabajo en la oficina —suspira arrancando el coche.

En el camino a Alcalá hay atascos y Jorge tarda más de una hora en llegar. Justo cuando deja el coche en el aparcamiento de su fábrica, Sara y la candidata salen de la producción. Jorge se acerca a las dos y se saludan. Después, los tres entran en el edificio que está enfrente del taller. Las oficinas están en el primer piso.

—Supongo que mi hija ya le habrá enseñado nuestro taller y nuestro almacén, ¿no? —quiere saber Jorge en el camino a la sala de reunión.

—Sí —responde la señora García—. Y una parte del museo. ¡Interesantísimo!

—Sí, el museo con los zapatos de todo el mundo y todas las épocas es la especialidad y la pasión de mi hija —dice Jorge, y se dirige luego a Sara—. ¿Dónde está Miguel? Me gustaría que hablemos los cuatro.

—Sí, ya le he dicho antes que también suba.

—¿Café para todos?

Las dos mujeres asienten y Jorge comienza a llenar las tazas. Cuando se sientan a la mesa, entra Miguel.

—Ah, pues ya te toca hacerte el cafecito tú solo, ya no me levanto —dice Jorge.

Todos sonríen, Miguel se pone colorado y sin decir nada se hace un café y se sienta junto a los otros.

El encuentro con la candidata pasa volando y todos quedan muy contentos con ella. Cuando la señora García se despide ya son las seis y media. Padre e hijos siguen reflexionando sobre la entrevista y deciden emplearla.

—Vale, entonces preparo el contrato —dice Sara mientras se marcha a la oficina. Miguel regresa al taller. La sala está vacía y

---

1 aliviar erleichtern | **2 arrancar** starten | **9** un **almacén** Lager | **14 dirigirse** s. wenden | **23 ponerse colorado** rot werden | **26 despedirse** (e→i) s. verabschieden | **27 seguir** (e→i) + GER weiter … (Verb) (sigue reflexionando: er denkt weiter nach)

en silencio. Jorge de repente siente un cansancio... le entra tanto sueño que decide retirarse un rato al salón. El salón y la cocina están en el segundo piso. Allí también tienen tumbonas para descansar y a esta hora seguro que no habrá nadie allí. El salón da a la terraza, un lugar muy bien cuidado con plantas, hasta tienen limoneros y un albaricoque. Hace demasiado calor para salir, pero por dentro está climatizado. Jorge se echa en una de las tumbonas y observa cómo uno de los limoneros de la terraza se mueve con el viento.

Alguien entra. Jorge no quiere darse la vuelta para saber quién es. Oye el abrir y cerrar de las puertas del armario, el sonar de vasos y cómo corre el agua de una botella al vaso. Es Miguel, quien se sienta en la tumbona a su lado.

—Tienes cara de cansado —observa.

—La verdad, me siento molido —responde Jorge.

—¿No has dormido por la noche? —quiere saber Miguel.

—No. Como siempre apenas he dormido —suspira Jorge.

—Anda, tómate al menos algo de agua —le ofrece Miguel uno de los vasos de agua que acaba de llenar.

Jorge lo acepta. Los dos beben callados.

A Jorge le agrada el agua tan fresca en el paladar. Le llaman la atención las nubes que pasan corriendo por el cielo. «Como yo, alguien invisible siempre me está empujando —reflexiona—. ¿Quién será?».

La respuesta viene como un golpe en el estómago: ¡la nueva colección!

Jorge se levanta como un rayo:

—¡El nuevo catálogo! Tengo apalabrado con Mariana que hoy le entregamos las fotos que hemos elegido...

---

1 **de repente** plötzlich | 2 un **rato** eine Weile | 3 una **tumbona** *Esp* Liegestuhl | 5 **cuidar** pflegen | 6 un **albaricoque** *Esp* Aprikosenbaum | 15 **moler** (o→ue) mahlen, *aquí:* erschöpfen | 17 **apenas** kaum | 21 el **paladar** Gaumen | 25 un **golpe** Schlag | 27 un **rayo** Blitz | 28 **apalabrar uc** *coloq* etw ausmachen, vereinbaren | 29 **entregar** liefern

A Miguel no le da tiempo de decir nada más. Jorge ya se ha ido. Miguel todavía se queda un rato. También él mira las nubes y el limonero.

—Un instante diminuto de silencio… y otra ocasión que se ha ido volando —se dice a sí mismo—. Es como siempre. Verle siquiera media hora sentado tranquilamente… ni modo. ¿Cuándo podré decírselo por fin?

Cuando entra en la oficina, Jorge y Sara acaban de revisar el contrato para la señora García. Después los tres comienzan a mirar las fotos en la pantalla.

Un día después, el miércoles, a las dos de la mañana. Jorge se acuesta. Está cansado. Tiene tanto sueño…

—Si pudiera dormir… —suspira. Apaga la luz. Oye cantar a los grillos. No pega ojo. Para hacer tiempo, repasa el día. Un día de éxito, le parece.

El señor Hofmann vino a conocer su manufactura de zapatos. Y quiso ver el museo. Le encantó todo lo que vio. Le convencieron tanto la tropa de Jorge como sus productos. El entusiasmo era tal que enseguida eligió algunos modelos para presentarlos a sus jefes en Alemania con el propósito de incluirlos en su colección de ventas. Es decir, muy probablemente será un nuevo cliente importante.

Después Jorge invitó al señor Hofmann. Pasaron un buen rato juntos. Primero de bar en bar. Luego en un restaurante, cenando a gusto, con toda calma. Hablando y riéndose. Hasta acabaron haciéndose amigos. La verdad que Basti, así se llama, le cae muy simpático a Jorge. Tiene la misma franqueza que Manolo.

---

4 **diminuto** winzig | 14 **pegar ojo** ein Auge zutun, etw schlafen | 14 **repasar** noch mal durchgehen | 15 un **éxito** Erfolg | 18 una **tropa** Truppe *aquí*: das Team | 19 **enseguida** gleich, sofort

Pasa el tiempo. Otra noche de esas que parecen eternas. No entiende por qué no es capaz de relajarse, habiendo sido un día tan bueno. Sigue dando vueltas en la cama hasta que finalmente logra adormecerse.

De pronto se despierta, inquieto. ¿Qué hora es? Mira el despertador. Son las seis. Jorge se siente como de plomo. Por experiencia sabe que ya no se podrá volver a dormir. Decide ir a la empresa. Se levanta, se ducha, se viste y se va caminando al trabajo. Como lo viene haciendo tantas y tantas veces.

Le sienta bien estirar las piernas después de otra noche tan incómoda. Disfruta del aire puro a estas horas. No se oye nada. Solo las cigüeñas que tienen sus nidos en los altos edificios antiguos. Y los estorninos. Y los gorriones. Una mujer abre la contraventana hacia la calle. Jorge atraviesa la parte antigua con la plaza. La luz del sol recién salido la va tiñendo de oro. Los bares aún están sin abrir; las sillas de afuera están aseguradas con cadenas.

Pocos minutos después llega a la esquina del polígono industrial donde está la fábrica. Allí hay una panadería. Huele a pan fresco. Y a churros. Jorge no puede resistir. Pepe, el panadero, le saluda alegre como siempre. Jorge pide unos churros con chocolate. Pepe hace los mejores de todo Alcalá. Le trae un tazón de chocolate y un plato de churros.

—¿Otra vez no has dormido, Jorge? —pregunta.

—Qué le vamos a hacer —responde Jorge—. Pero ya que no he tenido reposo durante la noche, aquí al menos viene un besito para la barriga.

Pepe sonríe.

---

2 **relajarse** s. entspannen | 4 **adormecerse** einschlafen | 5 **inquieto** unruhig | 6 el **plomo** Blei | 7 **volver** (o→ue) + INF etw wieder tun | 9 **venir** (e→ie) + GER *seit einiger Zeit immer wieder eine Handlung wiederholen* | 10 **estirar** ausstrecken | 11 **disfrutar** genießen | 12 una **cigüeña** Storch | 12 un **nido** Nest | 13 un **estornino** Star | 13 un **gorrión** Spatz | 13 una **contraventana** Fensterladen | 14 **atraversar** (e→ie) überqueren | 15 **recién** soeben | 15 **teñir** (e→i) färben | 16 una **cadena** Kette | 17 una **esquina** Ecke | 17 un **polígono industrial** Gewerbegebiet | 21 un **tazón** taza grande | 25 el **reposo** Erholung | 26 la **barriga** Bauch

—Buen provecho, pues.

Los churros están calientes. Jorge moja el primero en el chocolate dulce y espeso…

—Ay, qué rico está. Crujiente y a la vez jugoso, —murmura—. Y un pelín salado. Perfecto.

Jorge cierra los ojos. Va saboreando uno por uno los churros. Se limpia las manos y la boca del aceite y del chocolate. Luego paga, le desea un buen día a Pepe y se marcha.

Son un poco más de las siete de la mañana cuando Jorge sube a la oficina y comienza a trabajar. Le encanta trabajar a esta hora cuando aún no hay nadie. Es el momento en el que mejor se concentra.

Media hora después quiere redactar un texto descriptivo para un modelo nuevo y se da cuenta de que no tiene la imagen del todo en la cabeza. Entonces coge la cámara para bajar al taller y sacar fotos allí. Como siempre va de prisa, casi corriendo. Entonces, absorto por completo en sus pensamientos e ignorando todo lo que le rodea, da un mal paso en la escalera y se resbala. Intenta agarrarse de la barandilla, pero no lo consigue. Pega un grito y se cae a lo largo de toda la escalera. Al llegar abajo se da un golpe en la cabeza contra un escalón y se marea.

—¿Dónde estoy? —se pregunta desorientado cuando por fin recupera la conciencia. Le duelen el cuerpo y la cabeza—. ¿Qué ha pasado? —piensa. Lentamente va recordando. Se siente mal, muy mal. Le entran náuseas y no puede evitar vomitar. Se queda donde está. No se atreve a moverse. La frescura del suelo le va invadiendo

---

2 **mojar** eintunken | 3 **espeso** dickflüssig | 4 **crujiente** knusprig | 5 un **pelín** *coloq* ein bisschen | 5 **saborear** genießen, auskosten | 17 **absorto** vertieft | 17 **todo lo que le rodea** alles um ihn herum | 18 **resbalar(se)** ausrutschen | 19 **agarrar(se)** (s.) festhalten | 19 una **barandilla** Geländer | 19 **pegar un grito** *coloq* einen Schrei loslassen | 21 **marearse** ohnmächtig werden | 23 la **conciencia** Bewusstsein, Gewissen | 25 las **náuseas** Übelkeit | 25 **vomitar** s. übergeben

más y más. Tiembla de frío. Quisiera levantarse, pero ahí se queda: inmóvil, acurrucado sobre la fría pizarra del suelo y desamparado.

5. Una emergencia

Finalmente, después de una eternidad, oye pasos.

—Pero, papá, ¿qué haces ahí? —grita Sara, asustada. Ella y dos obreros se acercan corriendo. Ven el vómito. Ven la sangre en el suelo—. ¿Papá, qué te pasa?

—Me he caído—responde Jorge; casi no le oyen, tan bajo habla—. Tengo frío, tanto frío…

—Anda, Matías, tráele una manta de arriba —dice Sara. —¿Puedes moverte? —quiere saber luego.

Jorge intenta moverse. Parece que todo funciona.

—Sí —responde.

Matías ya viene con una manta. Él y Rosa le tapan con ella mientras Sara llama a emergencias.

Van llegando más obreros. Acercan la camilla que tienen para situaciones como esta. Entre varios le colocan con cuidado en ella en posición lateral de seguridad, le abrigan bien con la manta y le atienden. Tiene una herida en la cabeza que ya ha dejado de sangrar; la desinfectan y la vendan un poco. Le lavan la cara. Le ofrecen agua con glucosa y le ayudan a tomarla a sorbitos. Limpian la escalera.

Jorge cierra los ojos. Ya no tiene frío, pero le duele el cuerpo en todo el lado izquierdo. Y también la cabeza. Le sientan bien la

---

1 **temblar** (e→ie) zittern | 2 **acurrucarse** s. zusammenrollen | 2 la **pizarra** Schiefer | 2 **desamparado** hilflos | 3 una **emergencia** Notfall | 4 una **eternidad** Ewigkeit | 6 un **obrero** Arbeiter, Handwerker | 10 una **manta** Decke | 16 una **camilla** Liege | 17 **colocar** legen | 18 la **posición lateral de seguridad** stabile Seitenlage | 19 **atender** (e→ie) versorgen, s. kümmern | 19 una **herida** Wunde | 20 **vendar** verbinden | 21 un **sorbito** = pequeño sorbo, kleiner Schluck | 24 **sentar** (e→ie) **bien** guttun

atención y el cariño sincero de su gente. El agotamiento le sobreviene como un huracán. De repente se acuerda de que hoy viene otra visita. ¿Y ahora?

—Escucha, Miguel —le oye decir a Sara—. ¿Te ocupas tú de la cita con los Hernández? Vienen hoy a las diez a presentar sus nuevos cueros. Así acompaño a papá. Luego ya te llamaré. ¿Vale?

—De acuerdo —responde Miguel—. También le informaré a Manolo para que no esté esperando a papá. Siempre se encuentran los miércoles.

Son las ocho y cuarto. Llegan los asistentes sanitarios. Le colocan en otra camilla, la suben a la ambulancia y le llevan al hospital.

6. En el hospital

Finalmente cosen la herida en su cabeza y le hacen todos los análisis para averiguar qué daños se ha hecho. Después, un médico les informa a Jorge y Sara.

—No parece nada grave. Contusiones. Y una conmoción cerebral. Recomiendo que hoy se quede aquí para que lo podamos observar mejor. Si todo está bien, puede irse a casa mañana. En caso de que haya algún problema, podremos reaccionar enseguida.

—¿Y las contusiones? —quiere saber Sara.

—Dolerán algún tiempo hasta curarse, pero los órganos no se han dañado por la caída.

—¡Qué alivio! —dice Sara—. ¿Y ahora?

—Ante todo necesita reposo y silencio total. Ninguna distracción, nada en absoluto.

—Pero la empresa… —se rebela Jorge.

---

1 el **cariño** Zuneigung, Liebe | 1 el **agotamiento** Erschöpfung | 1 **sobrevenir** (e→ie) überkommen | 4 **ocuparse** s. kümmern | 10 un **asistente sanitario** Sanitäter | 13 **coser** nähen | 14 **averiguar** herausfinden | 14 un **daño** Schaden | 16 una **contusión** Prellung | 16 una **conmoción cerebral** Gehirnerschütterung | 24 el **reposo** Ruhe | 24 una **distracción** Ablenkung

—Papá, no te inquietes. Miguel y yo nos ocupamos de todo. La verdad, el descanso es lo que te falta desde hace mucho tiempo.

—¿A qué se refiere? ¿Tiene algún otro problema de salud? —pregunta el médico.

—No es nada, no tiene importancia —dice Jorge.

—Lleva años sin dormir bien. Demasiado estrés profesional —se le escapa a Sara—. Y desde hace unos meses hasta tiene dolores en el pecho.

—Pero el cardiólogo no ha encontrado nada —protesta Jorge.

—¿Cuándo ha estado de vacaciones por última vez? —quiere saber el médico.

—¡Quién necesita vacaciones! Ni idea, no me acuerdo —gruñe Jorge. ¿Por qué Sara le tiene que contar a este tipo lo que le pasa?

—Mire —le dice el médico a Sara—, tranquilícese. Lo mejor que puede hacer ahora es irse. Aquí su padre está en buenas manos. Ahora ante todo necesita descansar. Vamos paso por paso. Mañana sabremos más. O su padre sale de la clínica o le podrá visitar otra vez si él se tiene que quedar más tiempo.

—Vale —dice Sara. Luego abraza a Jorge y le da un beso—. Si no puedo hacer más… pues, ¡cuídate, papá! ¡Hasta mañana!

—Hasta mañana —responde Jorge.

—Adiós, buenos días —saluda el médico.

Sara se va y el médico encarga a dos enfermeros que lleven la cama de Jorge a una habitación.

—Cuando el laboratorio tenga los valores hablamos con más calma y a solas —le dice a Jorge.

—Sí, muchas gracias —responde Jorge. Los enfermeros lo llevan a su habitación y cierran la puerta. Está solo.

---

1 inquietarse s. beunruhigen | **3 referirse** (e→ie) **a uc** meinen, s. beziehen auf | **23 encargar** beauftragen | **26 a solas** allein

Jorge se siente raro. Parece que todo ha perdido importancia. Desde la cama observa los árboles de afuera que se mueven con el viento. Recuerda cómo dos días antes haciendo lo mismo no pudo seguir su fuerte impulso de reposar por tener una tarea urgente que realizar. Recuerda las palabras de Manolo. Ahora Sara y Miguel se ocupan de todo, aunque él no esté. Es como si de repente soltara todo. Parece increíble que pueda soltar todo tan fácilmente y sin esfuerzo.

Se oyen unos pasos. Es el médico que viene, comenta brevemente con él los valores y sus recomendaciones y se vuelve a ir. Otra vez silencio. Un minuto, dos, cinco…

De pronto se abre la puerta y Jorge interrumpe sus reflexiones.

—Oye, Jorge —protesta Manolo al entrar—. Casi no me dejan visitarte. Es la una. Habíamos quedado en el bar Cibeles, no en el hospital, ¿eh? —bromea.

—Ya ves —responde Jorge—. Así es la vida. Pero es mejor vernos en el hospital que no vernos, ¿no?

—Pues efectivamente, chico. ¡Menudo susto me has dado! Y si no me llama Miguel por la mañana, ni me entero… Y Sara antes me contó la conversación con el médico. ¿Y ahora?

—Me dicen que hoy debo quedarme totalmente quieto. Ni móvil ni tableta ni televisor, nada en absoluto. Si todo está bien, mañana puedo irme a casa. Pero también me han recomendado hacer una cura de reposo de unas tres, cuatro semanas como mínimo. El médico ya me ha dado de baja un mes.

—¿Y eso? —quiere saber Manolo.

—Sara no se ha podido contener y le ha contado al médico que apenas duermo, que no descanso, que tengo dolores…

—¿Y vas a seguir la recomendación?

---

1 raro komisch, seltsam | **4 reposar** ausruhen | **6 como si** + IMP SUBJ *(= Verb mit Endung **-ara/-iera** oder **-ase/-iese**, die an den Indefinido-Stamm, 3. Pers Pl, angehängt wird)*: als ob … würde | **6 soltar** (o→ue) loslassen | **15 bromear** scherzen | **18 menudo susto** was für ein Schreck | **19 enterarse de** etw mitbekommen | **24** una **cura de reposo** Erholungskur | **25 dar de baja** krankschreiben | **27 contenerse** (e→ie) s. zurückhalten

—Pues sí —responde Jorge—. Esto de la caída me ha dado el resto. Me siento rendido. Sí, voy a hacer la cura. Aunque ni tengo idea de dónde ni de cómo…

—No te preocupes. Lo importante es que ya tienes vacaciones, aunque no quieras —dice Manolo—. La verdad que me alegro.

—Sabes —dice Jorge—, de momento solo tengo el deseo profundo de descansar. Nada más…

—Ves, tu propio organismo sabe muy bien lo que necesitas. Todo esto sienta muy mal, pero te viene de maravilla. La cura la puedes hacer en un balneario. Aunque la Seguridad Social no lo paga por tratarse de terapias naturales. ¿Qué te parece?

—Si tú crees que esto me ayudará, estoy de acuerdo —responde Jorge—. Y si me toca pagarlo, vale, no me moriré por ello. ¡Qué le vamos a hacer!

—Bien, Jorge. Si estás de acuerdo comento lo del balneario a tus hijos y les mando una lista de balnearios que conozco. Así ya te pueden organizar algo.

—Vale, Manolo, mándasela.

—Ahora te dejo para que sigas reposando. Hasta pronto.

—Hasta pronto —sonríe Jorge. Manolo se marcha y Jorge se sumerge de nuevo en el silencio. Respira profundamente, siente dolor al respirar. Se siente extenuado y apenas se puede mover del dolor.

Pero cuando el enfermero de turno entra le encuentra dormido, con la boca abierta y la cara relajada.

---

1 una **caída** Sturz | 2 **rendido** ausgelaugt | 10 un **balneario** Kurort, Kurhotel | 10 la **Seguridad Social** span. Sozialversicherung | 21 **sumergirse** versinken | 22 **respirar** atmen | 22 **extenuado** abgespannt | 24 **de turno** diensttuend

7. Dicho claramente

Y efectivamente al día siguiente Jorge ya puede salir de la clínica. Miguel viene a buscarle en coche, solo. Está tenso.

—Buenos días, papá —le saluda—. ¿Cómo te sientes? ¿Quieres ir a la empresa o prefieres ir a casa?

—Lamento decirlo, pero hoy no daría mucho de mí. Estoy totalmente revuelto y me duele todo. Mejor llévame a casa.

—Vale.

—¿Cómo ha salido la cita con los Hernández?

—Han dejado algunas muestras de los cueros. Los vamos a pedir y probar. Tienen muy buena pinta.

—Ah. Suena bien. ¿Y cómo anda todo lo demás?

—Mariana ha enviado el primer esbozo del catálogo. También estamos al día con todos los demás pedidos. Ah, y hemos comentado por teléfono las condiciones del contrato con la señora García. Está de acuerdo y viene mañana para firmarlo.

—Ah —dice Jorge—. Entonces veo que no me necesitáis.

Miguel respira profundamente, conduce el coche hacia el borde de una plaza y se para.

—Sí te necesitamos —responde con voz fuerte mirando a Jorge—. Pero nos las apañamos. Lo conseguiremos. Ahora lo importante es que te cures tú.

El volumen de la voz de Miguel es alto, pero a su vez hay un cierto temblor en ella. A Jorge le extraña ese contraste y se le queda mirando un instante sin decir nada.

---

3 tenso angespannt | **6 lamentar** bedauern | **6 dar de sí** leisten, leistungsfähig sein | **7 revuelto** durcheinander | **11 tener** (e→ie) **buena pinta** *coloq* gut aussehen | **13** un **esbozo** Entwurf | **14 estar al día** auf dem Laufenden sein | **18** un **borde** Rand | **21 apañárselas** *coloq* zurechtkommen | **21 conseguir** (e→i) schaffen | **24** un **temblor** Zittern | **24 extrañarse** s. wundern

—¿No lo comprendes todavía, no quieres comprender lo que pasa a tu alrededor? ¿Qué más debe pasar para que te des cuenta? —pregunta Miguel alterado.

—Oye, ¿y a ti qué te ha picado? —se asombra Jorge— reprochándole no solo el tono sino también que sea más explícito.

Es la oportunidad de Miguel de decirlo todo. Finalmente HABRÍA tiempo para decirlo. Ahora mismo… Miguel titubea, suda, lucha en su interior con su propio yo. Pasan unos segundos en silencio que parecen una eternidad.

—¿Y si te pasa un accidente con el coche por un ataque de vértigo o la falta de sueño? —grita finalmente— ¿O una emergencia provocada por tu tensión alta?

—¡Hostias! —se asombra Jorge—. No te habrás levantado hoy con el pie izquierdo, ¿no?

—Ni mucho menos —dice Miguel—. Pero, y disculpa que te lo diga, me irrita tener la impresión que crees que no ha pasado gran cosa y que en poco tiempo ya todo volverá a la normalidad y a ser como siempre. No. No es así. Te necesitamos y mucho, pero sano, por favor. ¿Te enteras? SANO, no hecho polvo.

—¡¿Cómo me hablas, Miguel?! Ni que fueras médico. Mi médico. Hasta ahora siempre he cumplido con mis deberes, ¿no? ¡Aparte que todavía soy tu padre, que no se te olvide!

Miguel se asusta y vuelve a dudar si abrir la boca y largar de una buena vez todo lo que lleva dentro, lo que realmente quiere decirle a su padre desde hace tanto. Pero se domina, respira profundamente y le responde a Jorge.

---

2 alrededor ringsherum | **3 alterado** aufgebracht | **4 ¿qué te ha picado?** *aquí:* was ist denn mit dir los? (i.S.v. was für eine Laus ist dir denn über die Leber gelaufen?) | **4 reprochar** vorwerfen | **5 explícito** *aquí:* klar, deutlich | **7 titubear** schwanken | **8 luchar** kämpfen | **11 gritar** schreien | **13 ¡Hostias!** *Esp vulg* heilige Scheiße! | **15 ni mucho menos** weit gefehlt | **19 enterarse** *coloq* kapieren | **19 ni que fueras** (ni que + IMP SUBJ) man könnte meinen, du bist | **23 largar** loswerden

—Sí, eres mi padre y por eso te mereces la sinceridad y el valor de alguien que te diga las cosas de forma bien clara —dice Miguel, y vuelve a arrancar el coche.

—No te preocupes, hijo, me han recomendado hacer una cura y voy a hacerles caso. ¿Tranquilo?

—Sí —responde Miguel—. Manolo lo ha comentado. Pero ya te conozco. Hoy en día con el móvil… Tú necesitas reposo total, el tiempo que sea. Ni móvil ni saber nada de la empresa, nada.

—Ya —dice Jorge.

—Y con respecto a la terapia: como Manolo conoce unos cuantos balnearios —sigue Miguel— ayer por la tarde ya me envió una lista y llamé para saber si tienen una plaza libre. El único balneario con lugar era en Fitero en Navarra. Está a unas tres horas de aquí y puedes entrar el viernes.

Así que haré de historiador —dice Jorge secamente—. Recuerdo haber leído una vez que fueron los antiguos romanos los que comenzaron a usar las aguas termales en Fitero con fines terapéuticos…

Finalmente llegan a casa.

—Espera que te ayudo a salir del coche —dice Miguel.

Después de ayudarle Miguel se despide y Jorge entra en casa. Miguel se va a la empresa. Cuando entra al edificio de la empresa, inmediatamente se pone a hablar con Sara.

—Tenía razón, estuve furioso —comenta después de contarle a su hermana la conversación—. Y había un motivo para estarlo. Porque si en ese momento le digo todo, jamás se va a un balneario. Sí, estuve y estoy de mala leche. Conmigo mismo. Soy un cobarde. De lo mejorcito. Le critico porque no cuida su salud, pero ni yo mismo soy capaz de comunicarle mis necesidades fundamentales. Le hablo mal, pero las cosas importantes no soy capaz de decírselas.

---

1 merecer verdienen | **5 hacer caso a up** auf jdn hören | **15 hacer de historiador** *coloq* einen auf Historiker machen | **27 estar de mala leche** *vulg* sauer sein | **27** un **cobarde** Feigling

Ahora me siento peor todavía. Me remuerde la conciencia haberle hablado así.

—Ya —dice Sara y le abraza—. No te preocupes. Tampoco le has insultado. Le has dicho lo que hay, ¿no? Ya se te pasará. Ahora nos toca ponernos manos a la obra.

—Tienes razón… ¿Cómo lo organizamos? ¿Quién se ocupa de qué?

Y después de ponerse de acuerdo Sara y Miguel se lanzan a trabajar.

8. Dolores

Jorge pasa el jueves en casa como atontado. Le duele el cuerpo. Prepara su maleta como un anciano, muy muy lentamente.

Sara vive en el primer piso de la casa paterna y después del trabajo le visita. Jorge no tiene mucho apetito ni muchas ganas de hablar, pero cenan algo juntos en la terraza.

La noche es peor de lo que ya conoce. Aparte de ser inquieta, eterna y sin descanso cada movimiento le duele. Le extraña cómo ha podido dormir tan profundamente en la clínica. El viernes por la mañana se levanta totalmente rendido. No puede más.

Son las siete menos cuarto de la mañana. Sara viene y le propone desayunar juntos. Jorge está de acuerdo. Se sientan en la terraza para disfrutar del café y las galletas a la luz del sol recién salido.

—Entonces, papá, ¿cómo has pasado esta noche?

—Fatal, Sara, fatal.

---

1 remorder (o→ue) **la conciencia** Gewissensbisse haben | **3 abrazar** umarmen | **4 insultar** beleidigen | **5 le toca** er muss | **5 ponerle manos a la obra** loslegen, "Hand anlegen" (an eine Arbeit) | **8 lanzarse a trabajar** s. in die Arbeit stürzen | **11 atontado** benommen | **12 un anciano** Greis | **16 aparte de** abgesehen davon, dass

—¿Todavía no te has tomado los calmantes que te han recetado en la clínica?

—Ya sabes que no me gustan los fármacos.

—Y prefieres pagar el precio —dice Sara—. Tienes algo de terco, ¿no?

—Ya. Qué le vamos a hacer.

—¿Y no te alegras de ir a Fitero?

—Alegría no lo llamaría. No sé siquiera lo que quiero. Voy porque me lo han dicho y punto. De momento no sé más.

—No es de extrañar, tan agotado como estás.

—Ya.

—Lo que quiero es que sepas que puedes irte con toda tranquilidad. Entre Miguel, la tropa y yo lo organizaremos todo en la empresa. Todo va bien. Y ya verás, la nueva secretaria nos ayudará bastante.

—Pero si no me necesitáis significa que lo que he hecho no ha sido para nada, ¿no?

—Vaya pensamientos que tienes. Tú bien sabes que eso no es cierto. Eres nuestra cabeza. Pero tu forma de llevar la empresa nos ha dado la oportunidad de aprenderlo todo y por ello estamos capacitados para realizar todas tus tareas. ¡Debes tomarte tiempo para ti, papá!

—Ya, ayer Miguel ya me regañó bastante. ¡Como si fuera su hijo!

—Ya lo sé.

Jorge mira a su hija y no dice nada.

Mojan sus galletas en el café y las comen callados.

—Te pido que nos tengas confianza y que no te preocupes por el negocio. Sabes —sigue Sara—, simplemente aprende a descansar y a ser feliz. Has luchado siempre por otros, nunca por ti. Ahora ha llegado el momento de hacerlo.

---

1 un **calmante** Schmerzmittel | 3 un **fármaco** Medikament | 4 **terco** starrköpfig | 21 una **tarea** Aufgabe | 23 **regañar** rügen | 27 la **confianza** Vertrauen

—Estás hablando como Manolo —responde Jorge.

—Ah, ¿sí? Pues ya ves que no soy la única en pensar así.

—No sé lo que está pasando conmigo, Sara. Con mi vida. Hace dos días aún todo estaba normal, ¿y ahora? ¿No se me habrán pasado unos cuantos años y en verdad tengo cien en vez de cincuenta y cinco?

—Ay, papá. Tú ve a Fitero y tómate todo el tiempo que necesites para curarte. Todo paso por paso. Luego ya sabrás lo que quieres. Aquí estamos cuando nos necesites, ¿vale?

—Vale, Sara.

Con calma terminan el desayuno, se levantan, llevan la vajilla a la cocina y se ponen a lavarla. Cuando Sara se quiere ir al trabajo, Jorge la detiene.

—Espera un momento, hija mía. Necesito decirte algo.

—A ver…

—Eres una mujer adulta hecha y derecha. La verdad, eres una persona fenomenal. Nunca me has hablado así. Ya no eres mi niñita. Eres una persona madura, competente y responsable.

—Ay, papá, qué cosas dices.

—Es que es la verdad, hija. Y también te gusta la justicia como a mí y no te asustan los retos, sino que los enfrentas con alegría. Me siento feliz y agradecido de ser tu padre.

—Te devuelvo el piropo, papá. Para mí has sido el mejor padre del mundo.

Se abrazan en el pasillo por un momento, muy emocionados.

—Adiós, hija mía. Ya te llamaré.

—Adiós, papá. No te preocupes. Todo saldrá bien.

Ambos se sonríen y Sara se marcha.

---

11 la **vajilla** Geschirr | 13 **detener** (e→ie) aufhalten | 16 un **hombre hecho y derecho** *coloq* ein gestandener Mann | 18 **maduro** reif | 21 un **reto** Herausforderung | 21 **enfrentar uc** sich etw stellen | 23 un **piropo** Kompliment | 25 un **pasillo** Flur

Jorge cierra la puerta detrás de Sara. Se sienta en la terraza y escucha los pájaros. El sol le calienta la piel. Quiere respirar profundamente el aire puro de la mañana, pero le duele. Trata de comprender que ahora se va a hacer una cura, le guste o no. Y que la empresa seguirá funcionando sin él. Aunque no sabe lo que le espera, algo muy dentro de él se siente muy tranquilo con eso.

A mediodía le visita Miguel y se despiden. Sobre las tres viene Manolo y le lleva en su coche a Fitero.

9. En Fitero

—Estoy bien, no os preocupéis —le cuenta Jorge a Sara por teléfono tres horas después de que se ha ido Manolo—. Ya tengo mi habitación, ya he acudido al médico del balneario. Me recomienda tres o cuatro semanas de reposo total. Ni siquiera visitas. Ni televisión ni móvil ni tableta. Por lo demás parece un lugar agradable y tranquilo. Mañana tengo las primeras terapias termales.

—Tú dirás, papá. Lo importante es que estés bien.

—Sí. ¿Entonces no os enfadáis si os pido no visitarme de momento?

—Para nada, papá, para nada. Aquí todo va bien. No te preocupes por nosotros ni por la empresa. Y si estás en buenas manos, nosotros también estamos tranquilos. Ya nos avisarás cuándo te podemos visitar, ¿vale?

—Vale.

Se despiden y Jorge apaga el móvil. Silencio. Jorge se asoma a su pequeño balcón. Mira el pueblo y los montes de alrededor. Oye algunos coches en las calles. Niños que juegan. ¿Y ahora? ¿Por qué ha venido? No lo comprende. ¿Qué diablos hace aquí? Tendría que

---

2 un **pájaro** Vogel | 12 **acudir a up** aufsuchen | 14 **por lo demás** im Übrigen, ansonsten | 17 **enfadarse** s. ärgern | 24 **asomarse** einen Blick auf etw werfen | 27 **¿Qué diablos…?** *coloq* Was zum Teufel…!

estar al lado de su gente… Mira el reloj. Hora de cenar. Le duele el cuerpo y no tiene hambre.

—Venga chico, a cenar —gruñe—. Al menos hay que ser cumplidor, ¿no?

Durante los primeros días en Fitero Jorge se limita a beber, comer, ir al baño, ducharse y visitar sus terapias termales y la fisioterapia. Las terapias le tienen ocupado y no le quedan ganas ni fuerza para ninguna otra cosa. Los dolores de las contusiones tardan en irse, por eso no da ni paseos. Solo hojea libros y revistas en la librería de al lado, pero nada le atrae. Aunque el aburrimiento le es insoportable no le apetece hablar con nadie. Ni siquiera reflexionar. Hace lo que le dicen y punto, no se siente capaz de más. Pasa muchas horas tumbado en la terraza de su habitación sin hacer nada. No entiende qué ha pasado con él. Nunca ha sido un vago, en toda su vida. Es una persona responsable y formal, y siempre ha cumplido con sus deberes. ¿Y ahora?

La única persona con la que tiene ganas de hablar es Paco. Paco es el fisioterapeuta que va a darle masajes dos veces por semana. Un tipo grandote con una melena blanca impresionante. Tiene más años que Jorge e irradia una tranquilidad enorme. Se hacen amigos el primer día que Paco le trata. Jorge le comenta que no duerme y que no tiene ganas de nada y Paco le aconseja consultarlo con el médico. La cita con el médico del balneario es esa misma tarde. Ojalá el médico pudiera venir inmediatamente. Son solo un par de horas de espera hasta la cita, pero en el aburrimiento y la soledad del balneario a Jorge le parecen una eternidad.

---

3 cumplidor pflichtbewusst, zuverlässig | **9 hojear** blättern | **10 atraer** anziehen | **10 el aburrimiento** Langeweile | **11 insoportable** unerträglich | **11 apetecer** Lust haben auf etw | **11 ni siquiera** nicht einmal | **13** estar/pasar (x tiempo) **tumbado** (herum)liegen | **15 formal** zuverlässig | **19** una **melena** Mähne | **20 irradiar** ausstrahlen | **26** la **soledad** Einsamkeit

Finalmente llega. Un tipo agradable y cálido, aunque algo distante. Después de revisar a Jorge llega a la conclusión de que debido a su gran exceso de trabajo Jorge tiene el síndrome de desgaste profesional, y entonces es normal lo que le pasa.

—Está agotado y su estado de ánimo simplemente refleja eso —comenta.

—¿Y qué puedo hacer?

—Dos cosas. Primero: aprender a relajarse. En casos de estrés crónico hay que aprender a salirse de eso intencionalmente. Por lo común no funciona por sí solo. Lo que ayuda mucho es el movimiento. Deportes, paseos en la naturaleza… También hay ejercicios específicos para ello. Entre otras cosas el entrenamiento autógeno o la relajación muscular progresiva de Jacobson. Los puede aprender aquí si quiere. Paco da cursos donde los enseña.

—¿Y la segunda cosa?

—Aprender a percibir y reaccionar de forma distinta a las situaciones de la vida y luego organizarnos de manera que gastemos menos energía innecesaria. Porque lo que se llama estrés es una reacción automática del cuerpo a lo que nos sucede. Pero depende de nuestra percepción y valoración subjetiva. Hay gente que trabaja mucho, tiene tareas y responsabilidades enormes, pero no se siente estresada. Otra gente sin embargo sí.

—Ah, no lo sabía. Pensaba que todo el mundo lo siente igual. ¿Y cómo se puede aprender eso?

El médico saca un folletín de una estantería y se lo da a Jorge.

—Aquí encuentra algunas ideas fundamentales para orientarse. Si después quiere profundizar, al final hemos puesto una lista de libros sobre el tema que nos parecen interesantes.

—¡Gracias! Me alegro de poder hacer algo concreto.

---

3 el **exceso** Übermaß | 3 el **síndrome de desgaste profesional** Burnout-Syndrom | 5 un **estado de ánimo** Gemütsverfassung | 12 el **entrenamiento autógeno** autogenes Training | 16 **percibir** wahrnehmen | 25 un **folletín** Broschüre | 25 una **estantería** Regal

—De nada. Para esto estamos.

Para dormir mejor pruebe nuestras infusiones de melisa y otras hierbas tranquilizantes. Las encontrará en la carta del comedor. Yo dejaría los somníferos para el caso de que nada de eso le ayude.

—¡Fenomenal! Esto me gusta. Lo voy a probar.

Jorge sale contento de la cita médica. Esa misma noche se pone a leer el librito. Trata sobre todo de cinco impulsores interiores que suelen dificultar innecesariamente todas las cosas: el perfeccionismo, las prisas, el siempre tener que ser fuerte, la idea de que solo vale lo que ha costado un gran esfuerzo y el querer agradar y gustar a todo el mundo. El texto los analiza y da ideas para buscar perspectivas alternativas.

Además, Jorge comienza a tomar las infusiones. De hecho, le ayudan a adormecerse antes.

—Pareces un artista con tus manos —le dice a Paco el miércoles, en la segunda cita—. ¿No me podrías tratar también la nuca, que la tengo hecha un desastre?

—Pues te puedo dar citas adicionales de terapia manual, si quieres —responde Paco.

Entonces acuerdan las citas.

—Y sabes —sigue diciendo Jorge—, todos los tratamientos me sientan bien, pero sigo sintiéndome muy tenso interiormente. Y el médico me ha recomendado aprender alguna técnica de relajación para superar mi estrés.

—Pues mira, lo único que te puedo ofrecer de momento es un curso de entrenamiento autógeno este fin de semana que comienza el viernes. Es un método que también sirve para bajar la tensión.

Jorge, encantado, se apunta al curso.

---

3 una **hierba** Kraut | 4 un **somnífero** Schlafmittel | 7 un **impulsor** *aquí:* Antreiber | 16 la **nuca** Nacken

10. Aburrimiento

En la segunda semana en Fitero Jorge sigue yendo a sus tratamientos, tomando sus infusiones. Además, comienza a practicar el entrenamiento autógeno. Duerme algo mejor. También empieza a usar la piscina para breves sesiones de natación. Y a dar paseos cortos por el parque. Le sienta bien, pero se cansa. Los dolores de las contusiones aún no han desaparecido.

—En el librito este del médico dice entre otras cosas que las necesidades de uno mismo son igual de importantes que las de otros. Pero mi única necesidad es curarme y regresar al trabajo. Por lo demás aquí solo me siento un inútil, como volando en la nada —le dice a Paco en su cita del jueves.

—Ya mucha gente me ha dicho lo mismo —responde Paco, mientras con sus manos le trabaja la nuca y los hombros—, y era gente tan maja, competente y trabajadora como tú. E igual que tú no sabían que son mucho más que su trabajo o su aporte social como padres o madres. Aquí, sacados de sus rutinas, llegaron a sentir un vacío enorme.

—La verdad, ¡eso es lo que siento yo también! —exclama Jorge—, justo eso. Un vacío, un aburrimiento... Insoportable. Manolo, mi médico y mi mejor amigo, también me ha dicho que soy más que mi trabajo, pero no tengo ni idea de qué estará hablando.

—Ya. La verdad, cada vez que hablamos me cuentas de tu empresa, de tu trabajo... parece que tú eres tu trabajo y nada más. Entiendo pues lo que sientes. Pero algo no me cuadra en todo esto. Es como si faltara algo. Por ejemplo, un Jorge algo juguetón y sereno que aparte de su actividad laboral tenga también una vida privada, disfrute de otras actividades distintas...

—Hombre, pero si cada semana me encuentro con Manolo y nos damos una vuelta...

14 un **hombro** Schulter | 25 **cuadrar** passen | 26 **juguetón** spielerisch

—Ya. Tener una amistad verdadera es algo muy valioso. Pero eso no es todo. Es difícil explicarlo. Lo único que te puedo recomendar en este momento es tratar de no huir de esta sensación tan terrible de vacío. Suena raro, lo sé, pero por algo has llegado a este estado. Tiene su sentido. Si no tuvieras tus dolores ni la sensación de agotamiento, estarías como siempre, trabajando día y noche, ¿cierto?

—Pues sí, tienes razón.

—Si quieres superar no solo el desgaste sino también sus causas, necesitas ser algo aventurero y tener mucha paciencia.

—No sé si la tendré.

—Ya —sonríe Paco terminando la sesión de terapia manual—, por lo común nadie la tiene voluntariamente.

—Tendré que reflexionar sobre lo que me acabas de decir —responde Jorge, levantándose de la camilla y moviendo la cabeza hacia los lados—. Oye, me estás dejando la nuca como nueva. ¡Gracias!

—De nada, hombre, de nada. Ya ves: me encanta mi trabajo.

El viernes por la noche Jorge llama a casa.

—Si os apetece ya me podéis visitar —dice—. Ya me siento mucho mejor.

El domingo le visitan Sara y Miguel. Pasean por el pueblo y visitan el famoso monasterio cisterciense de Fitero. Después toman café en un bar y comen en un restaurante.

Sus hijos le dicen que tiene muy buena pinta, y la verdad, ese día se siente fenomenal. En la empresa todo está en orden. Siguen estando al día con los pedidos. Le cuentan que han dado en el clavo con la nueva secretaria; solo lleva pocos días, pero ya les está ayudando un montón. La empresa de Basti ha hecho el primer

---

1 valioso wertvoll | **3 huir** fliehen | **8** el **desgaste** Beanspruchung, Verschleiß | **12 voluntario** freiwillig | **14** una **camilla** (de masajes) Massageliege | **26 dar en el clavo** ins Schwarze treffen | **28** un **montón** sehr

gran encargo. También han traído el nuevo catálogo. Jorge lo hojea un poco. Ha salido muy bien. Jorge se ríe; parece que Manolo ha tenido razón y el mundo también marcha perfectamente sin él.

—En una semana ya me voy a casa —les explica a pesar de ello. No puede evitarlo; es lo único que le parece correcto.

—¿Estás seguro?

—Segurísimo. Ya estoy casi bien y tengo remordimiento de llevar una vida de perezoso mientras vosotros estáis luchando.

—¿Y tus contusiones? ¿Tus dolores en el pecho? ¿Tu sueño?

—Las contusiones ya casi no me duelen, y duermo mejor que antes. Y hablando de dolores: de los dolores en el pecho ya me había olvidado. No los he tenido ni una vez desde que estoy aquí. No, no, ya me estoy reponiendo, y bien. En una semana me tenéis otra vez a vuestro lado. Y me voy en tren, así no os quito tiempo.

—Tú sabrás, papá. Lo importante es que estés bien de verdad.

Después de pasar unas horas agradables juntos Sara y Miguel se marchan y Jorge se siente feliz. Ya pronto vuelve a la vida normal.

Miguel se ha despedido de su padre una vez más y una vez más siente en su interior que se ha fallado a sí mismo. Una vez más ha dejado escapar la oportunidad de hablar sobre sus planes profesionales con Jorge.

—Si papá vuelve en una semana, ya habrá tiempo para decírselo —le dice a Sara cuando arrancan hacia Madrid—. Mejor es que ahora siga relajándose esta semana que le queda aquí.

—Ya. Tienes razón. ¿Y Carmen, tu novia, cómo reacciona al hecho de que tu padre todavía no sabe de tus planes profesionales?

—Hombre… me levanta el ánimo cuando tengo mis momentos bajos, que tengo bastantes. Y tiene una paciencia enorme. Creo que

---

1 un **encargo** Bestellung | 4 **a pesar de** trotz | 7 un **remordimiento** schlechtes Gewissen | 8 **perezoso** faul | 13 **reponerse** s. erholen | 19 **fallar** im Stich lassen | 27 **levantar el ánimo** aufmuntern

comprende que no tiene sentido meterme prisa. Soy yo quien tiene que enfrentar la conversación con papá. Y las posibles consecuencias. Y lo debo hacer cuando sea capaz de hacerlo. Y en el momento ideal. Pero el simple hecho de que ella ya esté estudiando me anima mucho. Siempre comentamos sus clases y lo disfrutamos juntos.

—¿Y ya tenéis pensado cómo vais a pagar el alquiler cuando tú también estudies?

—Carmen desde hace unos meses tiene un trabajillo, y yo de momento no voy a dejar la empresa por completo. Habrá que arremangarse y poner manos a la obra. Ya lo conseguiremos.

—Eso sí que no sé si le gustará a papá. Si se estudia, se estudia. De todas maneras, me gusta vuestra actitud valiente.

—Lo del alquiler será lo que menos disgusto le dará a papá…

—Cierto, Miguel, la verdad. Te pasa como a papá. Tendréis que enfrentarlo todo paso por paso.

—Así es. Así lo haremos.

11. Falsa alarma

Mientras tanto Jorge decide organizar ya su regreso a Alcalá. El lunes, muy motivado, va y compra los billetes. Ahora, sabiendo que va a regresar pronto, disfruta más de las terapias, de la natación y da algunos paseos por los alrededores del pueblo. El miércoles por la noche va a tomar una caña con Paco y charlan un buen rato. Todavía no duerme como quisiera, pero sí mucho mejor que antes. Su tensión está algo más baja. Está lleno de optimismo y ánimo y ya no anda reflexionando mucho sobre lo que le ha dicho Paco y sobre el contenido del libro. Si ya se siente bien, ¿qué necesidad hay de hacerlo?

---

9 **arremangarse** *coloq* die Ärmel hochkrempeln | 12 **valiente** mutig, tapfer, couragiert | 13 un **disgusto** ≠ gusto | 18 el **regreso** Rückfahrt, Rückkehr

En la noche del jueves al viernes otra vez apenas duerme, pero no le importa. Se levanta temprano y desayuna. Después se acerca con su equipaje a la recepción y quiere pagar. Va a sacar la billetera del bolsillo de la chaqueta cuando de pronto le sobreviene un fuerte dolor de pecho. Ahí está de nuevo, esta vez más fuerte que nunca antes. ¿Cómo es posible? ¡Pero si ya estaba bien! Se pone una mano en el pecho. El sudor le corre por la frente.

—¡Siéntese, señor! —le dice la recepcionista, viendo lo pálido que está, y le lleva a un sillón del lobby—. Siéntese con calma. Ahora mismo viene un médico.

—¡Pero si pronto va a salir mi autobús! —protesta Jorge.

—Pues parece que ha de salir sin usted —responde la recepcionista—. Su salud es más importante que su viaje. Primero el médico, luego ya se verá el siguiente paso.

Cuando llega el médico, los dolores ya han desaparecido. Es como ya lo conoce: vienen y se van. Aparte de unos valores de tensión más bien altos el médico no encuentra nada alarmante.

—Entonces puedo viajar —quiere saber Jorge.

—Claro que sí. Pero si todo el tiempo no ha tenido los dolores y ahora le vuelven, a lo mejor lo indicado sería tomarse más tiempo. Le voy a dar de baja cuatro semanas más. A veces el cuerpo sabe mejor qué nos conviene y qué no.

—¿¿Qué?? ¿¿Un mes más aquí sin hacer nada?? Uff, el cuerpo, el cuerpo… ¿Qué me importan estos dolores mientras sepa que no tienen ningún trasfondo orgánico y pueda seguir trabajando como Dios manda? ¡Por lo demás no me siento mal!

—Su tensión alta sí es lo que usted llama trasfondo orgánico.

—¡Pero si en los últimos días estaba más baja!

—Cierto. Pero por lo visto no está usted todavía lo suficientemente estable para volver a la rutina de siempre. Necesita más

---

20 indicado angebracht, sinnvoll, ratsam | **24 mientras** + SUBJ solange… | **26 como Dios manda** *coloq* wie es s. gehört | **29 por lo visto** anscheinend

tiempo. Le recomiendo poner atención a los avisos de su organismo. Si no lo hace, puede que éste le produzca cosas peores para que le escuche —responde el médico con toda calma—. Podría volver a no poder dormir nada. ¿Y si provoca un accidente de coche debido a la falta de descanso? ¿Y si desarrolla daños serios en sus arterias por su tensión alta y padece un infarto o un ictus?

—Mi hijo casi me dijo lo mismo.

—Es que estas son posibles perspectivas si usted no cambia su ritmo de vida de forma duradera y a fondo. Así de sencillo. No hay otra. Mientras no haya aprendido a relajarse de verdad y disfrutar de forma equilibrada también del tiempo libre para recargar las pilas… Aprender eso requiere cierto tiempo y perseverancia. Los ejercicios de entrenamiento autógeno que ya está haciendo son un buen comienzo, pero no lo son todo. Con unas vacaciones de tres semanitas en su caso no es suficiente. Así que su hijo acierta en lo que le dice.

—¿Y ahora?

—Puede regresar a casa, pero solo si es capaz de abstenerse completamente de trabajar. De lo contrario le recomendaría seguir por aquí o algún otro sitio lejos de su empresa. Para que se pueda dedicar realmente solo a usted mismo y curarse.

—¡Pero no puedo dejar colgada a mi tropa! —dice Jorge, alterado.

—No puede dejar colgado a Jorge Torres, créame, señor. Le está pidiendo atención y ayuda. ¿No le oye todavía?

Jorge sale confundido de la consulta y no sabe qué hacer.

Se acerca Paco para despedirse y Jorge le cuenta lo que ha pasado.

---

5 un **daño** Schaden | 6 **padecer** erleiden | 6 un **ictus** Schlaganfall | 11 **recargar** wieder aufladen | 12 una **pila** Batterie | 12 **requerir** (e→ie) erfordern, bedürfen | 12 la **perseverancia** Beharrlichkeit, Ausdauer, Durchhaltevermögen | 15 **acertar** (e→ie) *aquí*: Recht haben | 21 **dedicar(se)** (s.) widmen

—Si quieres puedes pasar unos días en mi casa hasta que decidas lo que vas a hacer —dice Paco—. Tengo mucho sitio.

Jorge acepta, agradecido. Sin Paco en este momento no sabría adónde ir.

Suena el móvil. Jorge responde. Es Sara.

—Oye, buenos días, papá, ¿no quieres que vayamos a buscarte a la estación de Atocha en Madrid? —quiere saber.

—No, Sara, es que… mira. Bueno, es que de momento me voy a quedar por aquí.

—¿Y eso? —pregunta Sara intrigada.

—Esta mañana me han vuelto los dolores de pecho. Como siempre nada grave, pero el médico me ha vuelto a dar de baja. Ahora no sé qué hacer —murmura Jorge.

—Oye, papá, aunque te echamos de menos, estoy aliviada de oír que te han prolongado la baja. Coincido con tu médico. Tómate todo el tiempo que necesites. Aquí todo sigue bien. Así que no te preocupes por nosotros.

—Necesito digerir esto primero. Ya te llamaré cuando sepa lo que voy a hacer.

—Vale, papá. ¡Un beso!

—Un beso, Sara. Saluda a Miguel y a la plantilla.

—Lo haré, papá. ¡Adiós!

—Adiós, Sara.

---

10 **intrigado** gespannt | 14 **echar de menos** vermissen | 15 **prolongar** verlängern | 15 **coincidir** übereinstimmen | 18 **digerir** (e→ie) verdauen, *aquí:* innerlich verarbeiten | 21 la **plantilla** *Esp* Belegschaft

12. Un amigo

En un momento libre Paco lleva a Jorge a su casa, la que está casi al lado del balneario. Le enseña la habitación que puede usar, la cocina, el baño y la puerta al huerto. Le da una llave y después vuelve al trabajo.

—Siéntete como en casa, ¿vale? A mediodía regreso para comer algo.

—Vale, Paco. No sabes cómo te lo agradezco. Hasta luego.

—Hasta luego.

Jorge se acomoda un poco en la habitación. Luego sale al huerto. Al lado de la casa hay una higuera y debajo de esta dos bancos y una mesa. Se sienta en el banco que está a la sombra. Se pregunta qué ha pasado y por qué justo en el momento de querer regresar a Alcalá le han vuelto los dolores. ¿Acaso se ha vuelto perezoso? ¿Por qué? No entiende nada. Trata de hacer un ejercicio de relajación, pero le cuesta concentrarse y lo deja. De pronto se le acerca una gallina y le saca de sus reflexiones. Entonces Jorge se da cuenta de que hay un gallinero al lado del muro del huerto, allí hay más gallinas. El huerto de Paco es enorme. Jorge se levanta y pasea por él. Va mirando sus árboles. Un granado, dos manzanos, un peral, un cerezo, un albaricoque, un melocotonero, un naranjo y dos limoneros… un nogal, un almendro, algunos olivos… Al fondo del huerto descubre que Paco planta sus propias lechugas y otras verduras. Y hasta tiene un pozo. Le parece fantástico. Un verdadero paraíso. Una sorpresa inesperada. El huerto de Jorge incluso es más grande que este, pero lo tiene totalmente abandonado. Se

---

4 un **huerto** Gemüsegarten | 10 **acomodarse** s. einrichten | 11 una **higuera** Feigenbaum | 14 **acaso** etwa, vielleicht | 16 **costar** (o→ue) schwerfallen | 17 una **gallina** Huhn | 20 un **granado** Granatapfelbaum | 21 un **melocotonero** *Esp* Pfirsichbaum | 22 un **nogal** Walnussbaum | 22 un **almendro** Mandelbaum | 24 un **pozo** Brunnen | 26 **abandonado** *aquí*: s. selbst überlassen

extraña de que nunca se le haya ocurrido hacer algo con él. Pero claro, tampoco tiene tiempo para ello.

Entonces Jorge decide hacer algo útil. Busca una tienda y compra patatas y unas buenas chuletas de vaca. Ya es la una. En el huerto coge una lechuga, algunos tomates y algunas acelgas. En la cocina descubre cebollas y ajo. Se pone a preparar la comida. Ya que Paco le aloja al menos va a encontrar comida hecha en su mesa.

A Paco le gusta mucho la comida de Jorge, pero le disgusta que Jorge se ponga a cocinar como compensación.

—Si quieres, cocinamos juntos y disfrutamos haciéndolo —le dice—. A ver si te relajas y te permites tener tiempo totalmente libre. Tiempo para ti. Y ahora me marcho. Cuando vuelva hablamos con más calma. ¿Vale?

Jorge asiente y se despiden.

Como está aburrido y hace mucho calor, Jorge se echa a dormir la siesta. Después se toma un café en la plaza y da un paseo largo por las afueras del pueblo. Justo vuelve a casa cuando Paco está llegando del trabajo.

Ambos preparan unas tortillas francesas y merluza. Al atardecer cenan debajo de la higuera observando la fantástica puesta de sol.

—¿Cómo has pasado la tarde? —quiere saber Paco.

—Fatal. Pero al menos he estado en el campo.

—Ya. Es difícil disfrutar del tiempo realmente libre si uno en toda su vida no lo ha conocido.

—¿Cómo sabes esto?

---

3 **útil** nützlich | 4 una **chuleta** Kotelett | 5 una **acelga** Mangold | 7 **alojar/se** unterbringen/-kommen | 9 **ponerse a** + INF beginnen zu… | 17 las **afueras** *pl* Umgebung, Vororte | 19 una **tortilla francesa** Omelett (nur aus Ei; die bekannte *tortilla española* hingegen ist ein Omelett aus Kartoffeln und Ei) | 19 una **merluza** Seehecht | 19 **al atardecer** bei Einbruch der Nacht

—Hace años viví una situación parecida. Tardé mucho en comprender lo que estaba pasando, pero luego, muy lentamente, lo superé.

—¿Ah sí? ¡Cuéntame más!… si quieres, claro.

—Es una historia algo larga.

—No me importa. Me parece interesantísimo conocerla.

—Vale. Es que después de mi carrera trabajé muchos años en una empresa que se dedicaba a comprar tierras y casas y venderlas después otra vez. Hicimos siempre muy buena ganancia y mi sueldo era bien alto. Me casé y tuvimos tres hijos. Compré una casa de lujo para mi familia. Pasaron los años. Trabajé mucho, pero pensé que todo estaba bien y que tenía que ser así.

Un día tuve que sustituir a un compañero enfermo en una subasta forzosa para comprar una casa. Lo hice. Pero a partir de ahí comencé a comprender que el éxito de la empresa se basaba en dramas existenciales de mucha gente. Ya no era capaz de seguir trabajando igual que antes. Entonces enfermé. Me dieron de baja y perdí el trabajo porque no me recuperaba. Mi mujer y mis hijos no comprendieron mis motivos. No aceptaron que ya no quisiera trabajar en ese sector. Estaban acostumbrados a tener bastante dinero y el estatus social que se corresponde con ello y no se querían contentar con menos. Al final se marcharon también. Perdí todo por el divorcio, todo. Después me retiré como un animal herido a mi casa paterna sin saber cómo iba a seguir. Totalmente confundido y abatido.

—¡Hostias! ¡Vaya historia! ¿Y luego cómo conseguiste recuperarte?

—Pasé unos años en la casa de mis padres. Primero sin saber qué hacer. Por suerte me apoyaron, aunque no comprendieron tampoco lo que pasaba conmigo. Hice psicoterapias. Leí un

---

3 superar uc etw überwinden | **7 una carrera** Studium | **11 de lujo** Luxus… | **14 una subasta forzosa** Zwangsversteigerung | **18 recuperarse** s. erholen, wieder auf die Beine kommen | **23 herido** verletzt, verwundet | **25 abatido** mutlos, niedergeschlagen

montón de libros. Lentamente comprendí los motivos de por qué me había metido en mi oficio y por qué había pensado que todo tenía que ser así.

—Ah. ¿Y por qué?

—Mis padres eran gente sencilla y muy trabajadora. Siempre quisieron que yo tuviera una vida mejor que ellos y por eso me puse a estudiar. Estaban contentos cuando me vieron con un buen estatus social y dinero, pero no sabían que en el fondo mi única motivación era hacerlos felices a ellos.

Yo en todo esto no pintaba nada. Estaba como tú. No sabía que valgo más que mi trabajo, es decir, aparte del Paco del trabajo para contentar a todos los demás existe otro Paco. Un Paco salvaje con su propia visión de vida. Un Paco con sus propios talentos para mantenerse de forma digna en la vida sin necesidad de explotar a nadie o de abusar de su situación infeliz.

Tú, por ejemplo, ¿cómo te metiste en tu profesión?

—No sé. Comencé muy temprano —cuenta Jorge. Mi abuelo me enseñó el oficio y así me fui metiendo a través de los años. Nunca ha habido otra cosa y así lo he vivido.

—¿Ves? En todo lo que cuentas no noto ninguna iniciativa propia tuya. Digamos que tú hayas buscado todo esto. No.

—Ahora que lo dices… nunca lo había pensado. —Jorge se queda mudo. Se siente incómodo e inquieto, pero no sabría explicar por qué.

Después de la comida Paco y Jorge se quedan sentados fuera en la serenidad de la noche. Se ha levantado un viento agradable. Oyen los grillos y unos murciélagos. Paco sigue contando su historia.

---

1 un **montón** Menge | 10 **pintar uc** *coloq* eine Rolle spielen | 12 **salvaje** wild | 14 **digno** würdig | 14 **explotar** ausbeuten | 15 **abusar de uc** etw ausnutzen | 23 **mudo** stumm | 27 un **murciélago** Fledermaus

—Por pura casualidad descubrí un día la profesión de fisioterapeuta. Me fascinaba. Hice unas cuantas prácticas y me fascinó aún más. Terminé tomando la decisión de sacarme este título. Todo el mundo me decía que eran pamplinas. Que no era una profesión con alto estatus social y que además a mi edad no tendría sentido. Hasta se rieron de mí. Pero después de tanto sufrimiento y de tanta lucha y búsqueda no me dejé echar para atrás. Me metí, de lleno. Ahora ya llevo muchos años trabajando de fisioterapeuta. Nunca me he arrepentido de esta decisión. He ganado también en libertad y mis actividades ahora son polifacéticas.

—Ya lo he visto. Por ejemplo, el huerto…

—Pues sí. Ahora vivo en equilibrio. Mi vida laboral forma parte de mí mismo y me gusta variar. Disfruto del trabajo en el balneario y en el huerto, de la lectura, de la cocina y la buena comida, de la música tradicional de todo el mundo, y de las caminatas solitarias en el campo. Me gusta todo: las actividades físicas, las intelectuales y las emocionales, y por eso no me canso.

—Tu historia me impresiona mucho. Aunque creo que mi trabajo es más bien útil para mucha gente y en mi aportación hay ética.

—Claro que sí. Haces todo por todo el mundo. Y para ti, ¿qué haces? La ética sola a veces tampoco es suficiente. Mejor dicho, la ética debe incluirnos también a nosotros. Si solo vivimos para funcionar algo no cuadra.

—Creo que con tu ejemplo entiendo algo mejor lo que quiere explicar el libro que me dio el médico.

—Ya. Pero ya ves que la historia de cada uno es bien distinta.

—No importa. Lo que cuenta es captar la esencia.

—Cierto.

—Te agradezco mucho la confianza de contarme todo esto.

---

3 un **título** (Berufs-)Abschluss | 9 **arrepentirse** (e→ie) **de uc** etw bereuen | 10 **polifacético** vielseitig | 12 el **equilibrio** Gleichgewicht | 19 una **aportación** Beitrag | 28 **captar** erfassen | 28 la **esencia** Essenz, das Wesentliche

—De nada, Jorge. Me alegro si te sirve.

Sale la luna y lo ilumina todo. Paco y Jorge se quedan sentados todavía un buen rato, en silencio. Esa noche se acuestan bien tarde.

Al día siguiente Jorge, aventurado, ha tomado una decisión: Se quedará en Fitero hasta sentirse mejor de verdad. Mejor dicho, hasta que sea capaz de sentirse más relajado en general, ya que sin él también pueden con todo... Decide también seguir con las terapias termales y con algunos masajes porque le sientan bien. Y se alegra de no haber gastado nunca sus ahorros: ahora sí ha llegado el momento de usarlos.

Descubre un apartamento de alquiler cercano y decide irse allá. Siente la necesidad imperiosa de hablar lo menos posible y si se queda donde Paco, no se siente capaz de hacerlo.

—Espero que lo entiendas —se disculpa ante Paco.

—Perfectamente —sonríe Paco—. Conozco muy bien lo que estás pasando. Y ya sabes dónde me encuentras fuera y dentro del balneario. Eres siempre bienvenido.

Se despiden y Jorge se instala en su ermita. E informa a Sara de su fase de retiro. Ella le confirma que en la empresa todo está en orden y le felicita por su decisión.

—No sabes cuánto me alegro de oír eso —dice.

—Yo también, pero no sé dónde va a acabar mi viaje.

—No importa. Lo importante es lanzarse.

—Supongo que tienes razón, hija mía. Te mando un fuerte abrazo. Ya llamaré.

—Vale, papá. ¡Ánimo! No mires el tiempo. Solo mírate a ti mismo. Un abrazo. Adiós...

—Adiós, Sara.

---

9 los **ahorros** (→ahorrar) Ersparnisse | 12 **imperioso** dringend | 18 **instalarse** einziehen | 18 una **ermita** Klause | 19 un **retiro** Rückzug, Zurückgezogenheit

13. Entre la espada y la pared

Ya es de noche cuando Miguel llega a casa. Carmen se ha quedado dormida en el sofá. La mesa está llena de libros de Medicina, el ordenador portátil y algunas libretas.

—¿Carmen?

Carmen abre los ojos.

—¿Miguel? Oye, ¡cómo me has asustado! ¿Qué hora es?

—Ya son las once y media.

—¿Cómo? ¿Tan tarde?

—Sí, como papá no está, Sara y yo hemos estado hasta casi las once en la oficina. Tenemos tanto trabajo…

—¿Y tu padre? ¿Cuándo va a volver?

—De momento no lo sé. Ha decidido quedarse más tiempo y por eso ha alquilado un apartamento en Fitero.

—Mira, Miguel, me parece fenomenal que estés ayudando a tu padre, a tu familia. Pero dime, ¿no dijimos que íbamos a repasar siempre juntos las clases que yo ya he recibido?

—Ya. Pero disculpa, estoy molido. Ahora no tengo la cabeza como para meterme todo eso también. Y estoy muerto de hambre. ¿No tenemos nada hecho?

—Te esperaba a las nueve, chico. Había ensaladilla rusa. Está en la nevera. Y disculpa… tráetela tú mismo. No soy tu empleada doméstica.

Carmen se levanta y comienza a meter algunos de los libros y el portátil en una mochila.

---

1 entre la espada y la pared *loc wörtl* zw. Schwert und Wand = in einer Zwickmühle | **4 un ordenador portátil** *Esp* Notebook | **4 una libreta** Notizbuch | **21 la ensaladilla rusa** Salat aus Kartoffeln, Eiern, Thunfisch, Erbsen, Karotten, Oliven, Mayonnaise | **25 una mochila** Rucksack

—Ya. ¿No crees que me hubiese gustado mucho más haber regresado a una hora más civilizada y haber cenado tranquilamente contigo para así luego tener tiempo y ganas de meternos con los libros? —responde Miguel.

—Claro que sí. Pero no te veo decidido.

—A veces la vida te pone situaciones delante a las que tienes que responder aunque no quieras —dice Miguel.

—Bien, Miguel. Te voy a decir una cosa. Siempre te he apoyado. Te quiero. Soy tu pareja, y las parejas se ayudan, ¿no? Pero ¿cuántos años llevamos hablando de todo esto? He tenido paciencia. He comprendido tu situación. He tenido confianza en ti. Pensé que conseguirías enfrentarte al asunto. Pero hasta ahora no has sido capaz de tomar una decisión seria y actuar en consecuencia. Y es más: estamos en época de vacaciones y por tu trabajo no hemos pasado ni un solo día juntos para relajarnos, o viajar, o simplemente disfrutar de la vida.

Y ahora estoy cansada de esto.

Necesito pasar mi tiempo libre con gente que, como yo, quiera hacer cosas agradables y así luego poder enfocar mis energías en mis estudios.

—¿Y qué me quieres decir? —replica Miguel.

—Que mañana me voy a ir a vivir con Ana, mi compañera de estudios. Tiene un cuarto libre en su piso, y hace rato que me lo ha ofrecido. En cuanto tengas solucionado tu problema vuelvo, pero no antes. Te quiero, pero así no aguanto más. Ahora te toca a ti.

Carmen se mete en el dormitorio y llena dos maletas con ropa y otras cosas. Luego las coloca con la mochila junto a la puerta.

---

1 me hubiese *od.* **hubiera gustado** es hätte mir gefallen (die Zeitform *pretérito imperfecto del subjuntivo* hat als einzige in der spanischen Sprache zwei mögliche, gleichbedeutende Varianten (*hubiera* od. *hubiese* + PART (-ado bzw. -ido) | **12 enfrentarse a** uc/up entgegentreten, s. stellen | **19 enfocar** konzentrieren, auf etw ausrichten | **21 replicar** erwidern | **23** un **cuarto** Zimmer | **24 en cuanto** + SUBJ sobald | **25 aguantar uc** etw aushalten, ertragen | **25 tocarle a up** an der Reihe sein

Miguel, incapaz de decir algo, la sigue. Cuando Carmen se acuesta, él se va al salón.

—No me lo acabo de creer. Carmen se marcha… —murmura—. Y ya hace rato Ana le ha ofrecido instalarse en su piso… Y yo ni me he dado cuenta de que ha tenido pensamientos así. Pero si ahora le digo a papá que voy a dejar la zapatería, no se cura. Y si no se lo digo, pierdo a Carmen.

Pega una patada a uno de esos libros gordos de Medicina que están en el suelo.

—¡Mierda! ¡Mierda!

Se olvida de comer. Se tira en el sofá, pero no puede dormir. Da vueltas y vueltas.

A las cuatro de la mañana se levanta. Se va a la empresa y comienza a trabajar. Cuando Sara llega por la mañana le encuentra dormido con la cabeza sobre el escritorio.

—Pero ¿qué te pasa, Miguel? ¿No tienes casa para dormir?

—No, Sara. No tengo casa. Carmen me ha dejado por no decirle a papá que voy a estudiar Medicina. ¿Qué hago yo en una casa sin Carmen?, dime. ¿Qué? ¿Qué sentido tiene todo esto sin Carmen? La Medicina siempre ha sido para mí el cielo, y con Carmen, ni te digo. Pero ahora…

—¿Cómo que se va? ¿Se va definitivamente?

—Me ha dicho que no vuelve si no soluciono mi problema.

—Es decir, te sigue queriendo.

—Eso dice. Pero ¿por qué se va entonces?

—Ay, Miguel. ¿Y ahora?

—Si estudiar Medicina no permite ayudar a la propia familia, ¡a la mierda con los estudios! Ahora, Sara, ya da igual todo. Venga, vamos a trabajar. Paso de Medicina y paso de todo.

---

8 **pegar una patada** einen Fußtritt versetzen | 29 **pasar de uc** *coloq* auf etw pfeifen

14. Una experiencia nueva

Las siguientes tres semanas Jorge sigue con su ritmo habitual. Terapias termales, de vez en cuando algún masaje, natación. Todo sin necesidad de hablar apenas. Infusiones de hierbas por la noche. Prácticas diarias de entrenamiento autógeno. También comienza a hacer largas excursiones en la naturaleza alrededor de Fitero. Le encanta caminar solo por el campo, escuchando, observando, oliendo y sintiendo todos los fenómenos naturales.

Además de sus actividades diarias se pone a analizar el contenido del libro del médico. Reflexiona en qué puntos acierta el libro con su vida concreta y cómo podría organizarlo de otra forma. Sus conclusiones las apunta en un cuaderno. Una vez por semana se encuentra con Paco para intercambiar con él opiniones sobre sus resultados.

—Estoy comenzando a disfrutar del silencio. Y de la soledad. Y de la sencilla organización de mi humilde vida cotidiana —le dice un día a Paco después de llevar casi tres semanas en su apartamento—. ¿Crees que esto significa que ya estoy listo para irme a casa?

—No sé —dice Paco—. ¿Cómo te sientes si piensas en volver? ¿Te da alegría pensarlo o más bien no?

—Ja, qué pregunta más interesante…

—Mis preguntas son todas así.

—Mmhhh… ¿quieres la verdad?

—No me interesa otra cosa más que la verdad —responde Paco sonriendo.

—Pues la verdad es que alegría no me da. Si te soy sincero, ni siquiera ligeras ganas. Así que creo que todavía me voy a quedar por aquí. Aunque me da cargo de conciencia.

---

8 oler (o→ue) riechen | **10 acertar** (e→ie) **con uc** auf etw zutreffen | **16 humilde** bescheiden | **16 cotidiano** alltäglich | **22 ja** ha

Pocos días después, caminando por el pueblo, Jorge descubre una jardinería y le da por entrar. Por doquier ve todo tipo de hortalizas y verduras. Un joven se acerca y le saluda amablemente. Ambos empiezan a conversar. El joven propietario del negocio se llama Tomás y con mucho entusiasmo le enseña todo. En Jorge brota una alegría que no sabe explicar. Conoce todas las plantas. No comprende lo que siente. Se siente como en casa.

Al día siguiente vuelve. Por algún impulso misterioso le pregunta a Tomás si necesita alguien que le eche una mano. Tomás sonríe, algo escéptico, pero le invita a participar de sus actividades.

—¿Estás seguro de que no eres jardinero? —pregunta a Jorge cuando ve cuán seguro y hasta cariñoso es su trato con las plantas. Hace todo sin preguntarle como si nunca hubiese hecho otra cosa.

—¡Por supuesto! —dice Jorge, con voz algo fuerte—. ¡Soy zapatero!

—Vale, chico, no te he querido ofender —responde Tomás.

—No me has ofendido —se disculpa Jorge —. Me siento confundido. No comprendo cómo me parece tan natural hacer todo esto siendo que toda mi vida no he hecho otra cosa que trabajar con cueros. Solo sé que haciéndolo siento una plenitud, una paz indescriptible.

Tomás sonríe. Sabe de qué tipo de paz está hablando Jorge. Siguen trabajando en silencio hasta que Jorge tiene su próxima cita en el balneario.

Pasan las semanas y trabajar con Tomás forma parte de la rutina diaria de Jorge. Se siente como si volviese a la vida. Por la mañana se despierta alegre e impaciente por salir a hacerlo. Por la noche comienza a disfrutar de un descanso ya olvidado. Un descanso

---

2 por doquier überall | **2** una **hortaliza** grünes Gemüse | **4** un **propietario** Besitzer | **6 brotar** hervorquellen | **12 cuán** wie | **12 cariñoso** *aquí*: behutsam, liebevoll | **16 ofender** *fig* zu nahe treten | **20** la **plenitud** Fülle | **21 indescriptible** unbeschreiblich

honrado después de horas de cavar en la tierra al aire libre y cargar plantas y verduras. Jorge se siente feliz.

Aunque trabaja todos los días unas cuantas horas con Tomás y conversa con Paco una vez por semana sigue con una mentalidad de eremita. Le encanta el silencio. No le apetece hablar mucho ni ver a sus hijos o a Manolo. Solo los llama una vez por semana para comentarles cómo está, para tranquilizarlos. Ellos se alegran, y Sara y Miguel le informan sobre cómo anda la empresa. En la fábrica todo va viento en popa.

Una y otra vez Jorge vuelve a recordar lo que le dijo Manolo. Hasta que una tarde, a finales de agosto, pasa algo raro: Jorge recién acaba de terminar su labor diaria y está más que conforme con lo que ha logrado en el día. Está en el baño, frente al lavabo, lavándose las manos con un cepillo y mucho jabón para sacarse toda la tierra, ya que ese día no ha usado guantes. Al terminar de lavarse se seca las manos, apaga la luz del baño y se dirige al salón, donde se deja caer en el blando sillón color verde claro dando un largo suspiro. Y es en ese momento cuando por primera vez siente un profundo alivio al pensar que no le necesitan.

El alivio, la calma, la tranquilidad y la falta de preocupación por el futuro continúan marcando el ritmo en los días siguientes hasta casi el final del verano, meciendo a Jorge en una especie de acogedora e intensa felicidad y de conciencia del ahora. Jorge sin pasado, sin futuro. Jorge a pleno.

Sin embargo, una mañana de comienzos de septiembre se levanta muy triste. Una duda lo ataca, sin aviso, amenazadora: ¿Esta felicidad durará para siempre? Al fin y al cabo, él está aquí

---

1 honrado redlich (verdient) | **1 cavar** graben | **1 cargar** tragen | **9 viento en popa** Rückenwind *aquí*: reibungslos | **13 lograr** schaffen, erreichen | **14 un cepillo** Bürste | **14 un jabón** Seife | **15 ya que** da | **17 blando** weich | **22 mecer** wiegen | **22 acogedor** gemütlich *aquí*: s. als „richtig" anfühlend | **26 amenazar** bedrohen

solo para curarse. De vacaciones. Es decir, lo que está haciendo no tiene valor porque dentro de muy poco esa intensa felicidad se esfumará como si nada. ¿O sí?

Cuando se encuentra con Paco le cuenta lo sucedido.

—Me da vergüenza decirlo, pero me pone triste pensar que me toca volver a Alcalá y dejar atrás todo lo de aquí —le dice.

—¿No será que en ti, Jorge Torres, están apareciendo las ganas o incluso la necesidad de seguir haciendo de jardinero? —responde Paco, sonriente.

— Y si fuese así, si quisiera continuar con la jardinería, ¿crees que tendría el derecho de sentir esa necesidad?

—¿Por qué no vas a tener el derecho?

—Porque seguir a esa necesidad de forma consecuente significaría ser un egoísta y dejar colgados a mis hijos y a mi tropa.

—¿Pero no me has dicho ya que se están apañando ellos muy bien, aunque no estés? Son competentes…

—Pues eso parece, ¿no? Necesito reflexionarlo más profundamente. Como dice el libro: mis propias necesidades también cuentan, no solo las de otros… Es difícil si los otros son tus hijos.

Pasan los días y después del trabajo y sus citas en el balneario Jorge va reflexionando sobre lo que realmente quiere en su vida. Le surgen preguntas y más preguntas. Las apunta. Y las respuestas, resultados de sus análisis, también. Luego las comenta con Paco.

—Si me atrevo a ser totalmente sincero, me doy cuenta de que no me bastaría ocuparme simplemente de mi huerto en mi tiempo libre. Aunque trabaje de forma más relajada en la zapatería y así

---

3 esfumarse s. auflösen, verschwinden | **4 suceder** geschehen | **5 dar vergüenza a up** s. schämen | **10 si fuese así** wenn das so wäre | **22 surgir** auftauchen

tenga más tiempo para ello —le confía a Paco en una de sus charlas semanales.

—Ya. Me da la impresión de que la jardinería para ti es mucho más que una mera afición.

—Pues sí, así es. Pero hay más.

—¿Más qué? —pregunta Paco.

—Que me doy cuenta… —Jorge no puede continuar, se le traban las palabras. Lucha unos segundos con su lengua y respira profundamente. Finalmente, consigue confesarle a Paco su idea:

—Hasta quisiera dejar la zapatería profesional. A la larga y por completo. Aunque el solo pensarlo me produce un remordimiento enorme. Me siento como si te dijera algo que para mí está prohibido.

—¿Quieres que te diga que me asombra? Claro que no. Desde el momento en que me contaste lo de la jardinería vi la pasión en tus ojos, y además Tomás también me lo ha contado, me ha descrito el brillo de tus ojos y el amor en los movimientos de tus manos cuando estás en su huerta. En este pueblo nos conocemos todos, Jorge, y Tomás me lo ha venido a contar en su primer momento libre. Eres un jardinero nato, chaval. El tuyo es un pensamiento verdaderamente aventurado y rebelde. Pero te felicito por él, porque estás reclamando tu vida para ti.

—Sí. Incluso, cuanto más lo reflexiono, más comprendo que hacerlo sería una liberación. Pero no veas la vergüenza terrible que me da decirlo.

—Ya lo creo —le responde Paco—. Supongo que te has metido en tu profesión porque era la tradición familiar. No eres el primero que conozco, ni el último.

---

1 **confiar** anvertrauen | 4 **mero** rein | 7 **trabar** stocken | 20 un **jardinero nato** ein geborener Gärtner | 20 un **chaval** *coloq* Junge | 24 **no veas** du glaubst nicht

—Ya. Además, ser empleado es una cosa y ser empresario es otra muy distinta. Como empresario tu mente está las veinticuatro horas en tu trabajo.

—Te repito y tú lo sabes: tienes gente competente en tu empresa, comenzando por tus propios hijos.

—Ya lo sé.

—¿Y cómo te mantendrás como jardinero? —continúa Paco. ¿Ya has pensado en ello?

—Tan lejos todavía no he ido. Me parece sinvergüenza planteármelo siquiera en serio. ¿Tú dices que vaya para adelante con esta idea?

—Pues sí. ¿Por qué no? No pierdes nada con ello, pero puedes ganar muchísima claridad.

—Tienes razón, Paco, la verdad. Lo voy a meditar.

15. Los cuernos del toro

Miguel, vestido con una bata blanca, se acerca lentamente a un templo griego que brilla al otro lado de la plaza. Personas vestidas como él entran y salen, jóvenes y mayores. Miguel continuamente se da la vuelta. Nadie de los que le conocen debe saber lo que hace, nadie. Ya va subiendo los primeros escalones que llevan a la entrada central cuando de pronto oye una voz:

—¡Miguel! ¿Qué estás haciendo ahí? ¿Por qué no estás en la empresa?

Miguel se da la vuelta, con la cara como un tomate. El corazón le late muy fuerte.

Es su padre.

Ha descubierto su secreto.

---

7 **mantenerse** (e→ie) seinen Lebensunterhalt bestreiten | 9 **sinvergüenza** unverschämt | 15 un **cuerno** Horn | 25 **latir** schlagen (Herz)

—Es que me gusta mucho este sitio, papá —dice Miguel en voz baja.

—¿Qué vas a hacer allí tú, humilde zapatero? ¿Acaso crees que alguien allí te tomará en serio, tonto? ¿Crees de verdad que sirves para la Medicina? No puedo creer que seas tan iluso.

Y su padre se echa a reír a carcajadas.

—Entonces voy contigo, papá —dice Miguel.

—¿Cómo? No, Miguel. Olvídate. Ya no eres mi hijo. Me has traicionado. Y eso que te he enseñado todo lo que sabes…

—Por favor, olvida lo que he hecho, papá, no tiene importancia. No lo volveré a hacer, te lo prometo —le suplica Miguel a su padre, agarrándose a él de rodillas.

Pero su padre se mantiene duro.

—Ya pasó, Miguel. Lárgate. No te quiero volver a ver nunca más en mi vida. Venga, ¡quítate ya!

—Pero papá…

—¡Láaargaaateee! No te enteras: ¡Láaargaaateee!

Miguel se despierta gritando, pero esta vez no hay nadie a su lado que le consuele y le tranquilice. Siente el latido de su corazón. La almohada y la sábana están húmedas de sudor. Son las seis.

A las siete suena el timbre en la casa de Manolo. Manolo va a la puerta y mira por la mirilla: Es Miguel. Abre la puerta y le invita a entrar.

—¿Buenos días, Miguel? Jo, qué mala cara tienes. Pareces alterado. ¿Qué te pasa?

—Necesito hablar contigo, Manolo. No aguanto más.

---

5 un **iluso** Traumtänzer | 6 **reír a carcajadas** lauthals loslachen | 8 **traicionar** verraten | 11 **suplicar** anflehen | 12 una **rodilla** Knie | 13 **mantenerse duro** hart bleiben | 14 **largarse** *coloq* abhauen | 19 **consolar** (o→ue) trösten | 20 una **almohada** Kopfkissen | 20 una **sábana** Laken | 20 **húmedo** nass | 22 una **mirilla** Guckloch (in der Tür) | 24 **¡jo!** *Esp* Mensch!

—Las últimas semanas después de mis vacaciones siempre me has dicho que no tenías tiempo de venir porque tu padre todavía estaba en Fitero.

—Ya. Eso es cierto. Pero la verdad es que no sé qué hacer. Da igual lo que haga, estoy en un callejón sin salida.

—¿No quieres que desayunemos algo y me cuentas con más calma? Te noto bastante más delgado que antes de mis vacaciones. Ya sabes, tenemos tiempo hasta las ocho cuando comienzan mis consultas.

—Vale.

Durante el desayuno Miguel le cuenta a Manolo que Carmen le ha dejado, y la pesadilla que acaba de tener.

—Entiendo. ¿Y qué conclusión sacas para salir del atolladero?

—Me toca dejar la Medicina. Por dentro, por fuera, en todos los sentidos. Olvidarme totalmente de ella. Ya lo he intentado estas semanas atrás. Pero me sigue persiguiendo hasta en los sueños…

Manolo se pone rojo.

—Ah, ¡este ha sido el verdadero motivo por el que no has venido! Te toca ¿qué? ¿DEJAR la Medicina? Tu gran amor ya te ha dejado por ser tan indeciso, ¿y la única conclusión que sacas es esa? Vamos a ver: llevas años leyendo sobre Medicina, pintando detalles anatómicos, hasta observándome a mí en mi trabajo, ¿y ahora me comentas así de paso tu decisión de DEJAR LA MEDICINA? No me lo acabo de creer. ¿¿¿Me estás tomando el pelo o qué???

—Pero mi padre es mi padre. A mi padre no le puedo traicionar —gime Miguel.

—Lo que te presenta el sueño son tus propios miedos, Miguel. Un miedo no es necesariamente la verdad. Un miedo así solo se puede vencer enfrentándolo.

---

5 un **callejón sin salida** Sackgasse | 12 una **pesadilla** Albtraum | 13 un **atolladero** Patsche, Klemme | 16 **perseguir** (e→i) verfolgen | 17 **ponerse rojo** *coloq* rot anlaufen | 24 **tomarle el pelo a up** *loc coloq* jdn auf den Arm nehmen | 26 **gemir** (e→i) stöhnen | 29 **vencer** besiegen, bezwingen

—No puedo…

—Tú no puedes saber cómo reaccionará tu padre mientras no le digas lo que hay. Además, el sueño no puede ser más claro: no podemos volver atrás. Es hora de que seas fiel a ti mismo. Así que… —Manolo se levanta, furioso, coge su móvil, busca entre sus contactos el número de Jorge y le da el móvil a Miguel poniéndoselo directamente delante de su cara—si no llamas ahora mismo a tu padre y se lo dices, te echo también yo de aquí y no te quiero volver a ver. ¿No te das cuenta de que yo, callándome tus proyectos, ya he traicionado a mi mejor amigo todo el tiempo? ¡Y en la realidad, no en la mera imaginación!

—Pero si se lo digo ahora volverá a casa, aunque no esté curado todavía —grita Miguel, desesperado.

—Tu padre ya es mayorcito. Sabrá cómo reaccionar a tus decisiones. Llevas años esperando una oportunidad, pero nunca la hay ni la habrá. ¿Y sabes por qué? Por tu miedo. Carmen tiene razón. Así que, ¡venga, adelante!

La sonora voz de Manolo es implacable. Miguel, tembloroso y pálido, viendo que no le queda más alternativa y con los ojos fijos en el nombre de su padre en la pantalla del móvil de Manolo, aprieta la tecla de llamada y espera uno, dos, tres segundos. Unos segundos que parecen una eternidad. Silencio. Solo se oye la fuerte respiración expectante de Manolo y el latido del corazón de Miguel que golpea como un tambor incesante.

Pero Jorge tiene el móvil y el automático apagados.

---

4 fiel treu, loyal, ehrlich | **8 echar a up de un sitio** jmd/n rauswerfen aus… | **9 callarse uc** Stillschweigen über etw bewahren | **14 mayorcito** *coloq irón* erwachsen | **18 sonoro** klangvoll, laut | **18 implacable** unerbittlich | **20** una **pantalla** Bildschirm, Display | **21 apretar** (e →ie) drücken | **21** una **tecla** Taste | **23 expectante** erwartungsvoll | **24 golpear** schlagen | **24** un **tambor** Trommel | **24 incesante** ununterbrochen | **25** un **automático = contestador automático** Mailbox

16. Jardines

Una semana más tarde Paco y Jorge vuelven a hablar del tema.

—Pues si te digo la verdad, Paco, hasta veo posibilidades de realizarlo realmente —dice Jorge.

—Pareces entusiasmado.

—¡Sí! Podríamos buscar nuevos colaboradores. Mis hijos me podrían comprar la empresa. Para que no se desequilibren económicamente, me la podrían pagar en cuotas mensuales. Así hasta tendría cubiertos mis gastos básicos durante mi aventura, al menos al comienzo. Como todavía tengo que cotizar unos cuantos años…

—Ya ves, concretizar las ideas revela si son realizables o no.

—La verdad que sí. Y para comenzar tendría que aprender mejor el oficio de jardinero. No sé si me aceptaría, pero al menos podría preguntarle a Tomás si estaría dispuesto a enseñármelo…

—Muy buena idea. Ya lleváis trabajando más de un mes juntos. Ya te conoce, ya sabe cómo trabajas. ¿Por qué no te ha de aceptar?

—Ya… Nunca se sabe… Pero en caso de que sí, hasta estoy pensando en pedirle ayuda para calcular todo lo que necesito. Un invernadero, una camioneta, herramientas, cajas para verduras, una báscula de venta. Preparar el huerto para poder plantar cosas. Poner un pozo. Plantar árboles. Semillas, y donde haga falta, plantas. Un almacén refrigerado y un sitio para guardar verduras en el invierno… pues todo eso. Creo que mi huerto es lo suficientemente grande para el proyecto. Todavía tengo bastantes ahorros. Usarlos para todo esto sería una buena inversión.

---

7 **desequilibrarse** aus dem Gleichgewicht geraten | 8 una **cuota** Rate | 9 **cubrir** abdecken | 10 **cotizar** Beiträge zahlen (Sozialversicherung) | 12 **revelar** enthüllen | 15 **dispuesto** bereit | 20 un **invernadero** Gewächshaus | 20 una **camioneta** Kleinlaster, Lieferwagen, Pickup | 20 una **herramienta** Werkzeug | 21 una **báscula** Waage | 22 una **semilla** Samen | 23 un **almacén refrigerado** Kühllager | 26 una **inversión** Investition

—Así que también has reflexionado sobre tus posibles fuentes de ingresos, ¿no?

—Sí, claro. Puedo comenzar vendiendo en el mercado semanal de Alcalá. Y visitar los pueblos de alrededor con un coche de venta. Cada día una ruta fija. Este método de venta tan antiguo que ya he conocido en mi infancia todavía sigue existiendo. Hasta podría montar una tienda virtual donde los clientes puedan encargar la mercancía por Internet y se la llevo a casa en su ruta fija una vez por semana. Tomás desde hace unos años trabaja así y su clientela está creciendo. Otra posibilidad interesante sería crear una empresa de agricultura sostenida por una comunidad.

—Jo, parece que ya solo falta que emprendas el vuelo…

—Sí, ¿verdad? Si no fuese que a veces yo mismo trato de convencerme que mis ideas son absurdas… Me vienen preguntas a la mente como "¿no será mucho menos divertido si es mi propio negocio y me tengo que ganar el pan con ello de forma seria?", "¿No hago el ridículo a la edad que tengo?", "¿Y si falla el proyecto?"

—Ah. ¿Y has encontrado respuestas a ellas?

—Sí. Claro, puede que mis dudas sean ciertas. Pero no me importa. Ya no soy un niñito que no aguanta momentos rutinarios ni difíciles en su vida laboral. Todo lo que ya he luchado, toda mi rica experiencia me sirve también ahora como buena base. Y si hago el ridículo… pues me da igual. Respecto al éxito pienso en mi experiencia. Es la calidad lo que cuenta. Y si trabajo bien, podré ofrecer calidad, ¿no? La única cosa que me perturba seriamente es cómo reaccionarán mis hijos y mi plantilla. ¿No me verán como un traidor? Escaquearme como cualquier vago… ¡qué escándalo!

—Tu mayor temor.

---

1 una **fuente** Quelle | 2 un **ingreso** Einkommen | 5 **fijo** fest | 7 una **tienda virtual** Onlineshop | 11 la **agricultura sostenida por una comunidad** solidarische Landwirtschaft | 12 **emprender el vuelo** *fig* losfliegen | 17 **ridículo** lächerlich, **hacer el ridículo** s. lächerlich machen | 17 **fallar** scheitern | 25 **perturbar** beunruhigen | 27 **escaquearse** *Esp* s. drücken | 28 un **temor** Furcht

—Sí. Una cosa es soñar, planear, entusiasmarse... Otra cosa es ponerse a realizarlo de verdad. Porque también tiene consecuencias para otros.

—¿Y qué has decidido?

—Superar mi remordimiento y hablarlo con ellos en cuanto vuelva. De momento no parecen necesitarme. Y siempre me dicen que me quieren ver feliz. ¿Entonces? ¿Mi temor realmente tiene fundamento? Me tocará enfrentarlo. Me tocará aventurarme y aguantar los resultados. Si lo pienso bien, no veo otra.

—Vamos a ver, Jorge. ¿Realmente me acabas de decir que ya sabes lo que quieres hacer el resto de tu vida?

Jorge le mira a Paco por un momento.

—Sí, Paco. Esto es lo que te acabo de decir. Así es, aunque me muera de remordimiento para con mi tropa por ser tan sinvergüenza. Estoy feliz y a la vez lleno de miedo. Cada vez que pienso en mi gente mi corazón late como loco. Un estado muy raro.

—No importa. Esto forma parte del proceso y lo superarás. ¿Te das cuenta qué ha pasado en el tiempo que llevas aquí? Chico, esto lo tenemos que celebrar. Segundo nacimiento de Jorge Torres. Aquí tenemos un concierto maravilloso del viento nocturno y de los grillos, pero esto obligatoriamente requiere una música especial. Así que espérame un momento.

Paco se levanta, busca un disco compacto en una de sus estanterías y lo pone.

¡Da-da-da-da... Da-da-da-da!

La quinta de Beethoven.

Se abrazan y bailan en la terraza como niños. Jorge se ríe. Nunca le ha visto a Paco tan alegre.

---

1 soñar (o →ue) träumen | **21 requerir** (e→ie) erfordern

Al día siguiente Jorge le comenta sus ideas a Tomás. Le gustan, aunque le parecen algo locas. Le impresiona el espíritu aventurero de Jorge. Claro que puede seguir aprendiendo con él. Y claro que le ayudará a calcular las inversiones y los precios de los productos, conocer a los proveedores, y todo eso. Incluso ofrece visitarle un día en Alcalá para ver la tierra y aconsejarle cómo distribuirlo todo de forma profesional. Jorge está agradecido.

Por la noche se encuentra con Paco para despedirse.

—El comienzo está hecho. Tomás me ayudará. Ahora me toca marcharme y organizarlo todo. Mañana me voy. Deséame suerte.

—Tu certeza es tu suerte, Jorge —responde Paco—. Si tú sabes lo que quieres, eres tú quien determina tus circunstancias.

—Me hablas con acertijos, Paco —sonríe Jorge.

—No importa, Jorge. Ya lo comprenderás en su momento. Y ya sabes, siempre puedes aterrizar en mi casa. Tengo espacio más que suficiente para alojarte todos los días que quieras.

—Vale. Te lo agradezco. Lo reflexiono y te lo digo.

—De acuerdo. Tómate tu tiempo.

—Ya te avisaré cuando vuelva —completa Jorge antes de despedirse.

Jorge llama a Sara y a Miguel para decirles que llegará mañana sobre el mediodía y que va a ir directamente a la empresa.

A la mañana siguiente Jorge se presenta a primera hora en la jardinería con una gran caja en la mano.

—Me voy, Tomás, tengo que ordenar mi vida. Te agradezco que me hayas dejado trabajar contigo. Me has devuelto la vida.

---

5 un **proveedor** Lieferant | 11 la **certeza** Gewissheit | 12 **determinar** bestimmen | 12 una **circunstancia** Umstand | 13 un **acertijo** Rätsel | 15 **aterrizar** landen | 26 **devolver** (o→ue) zurückgeben

Lo único que te puedo dar yo de momento es un pequeño regalo. Espero que te guste —dice Jorge dándole la caja a Tomás.

Tomás abre la caja y encuentra tres pares de zapatos. Para él, su mujer y su hija. Parecen elegantes y cómodos a la vez.

—Estás loco —dice casi asustado y asombrado—. ¿Y cómo has sabido nuestras tallas?

—Hombre, soy zapatero —responde Jorge—. Entiendo mi negocio. Si no os quedan bien, os los descambio, pero están hechos a mano y a vuestra medida. Y solo para vosotros. Son modelos únicos. Mis hijos me han enviado los materiales y mis herramientas manuales para hacerlos. Os merecéis esto y mucho más. Toma mi tarjeta. Tú también eres siempre bienvenido en mi casa. Tú y tu familia, ¿vale?

—Vale, hombre, no sé qué decirte…

—Tú y yo hemos trabajado muchas horas juntos sin necesidad de palabras —responde Jorge—. No hace falta que digas nada. Soy el hombre más feliz del mundo y ahora, finalmente, voy a realizar mis propias ideas, por primera vez en mi vida. Gracias por dejarme ser tu huésped. Gracias por brindarme tu amistad. Y gracias por ofrecerme tu generosa ayuda.

Ya te llamaré para acordar cuándo volveré y todo lo demás. Los dos varones se abrazan, conmovidos, y Jorge se va.

Cuando sube al tren Jorge recuerda su dolorosa caída en la escalera y lo que le hizo quedarse más tiempo en Fitero. Sonríe: aunque está muy nervioso, esta vez no tiene dolores de pecho.

---

9 una **medida** Maß | 16 **hacer falta** notwendig sein | 19 un **huésped** Gast | 19 **brindar** anbieten | 21 **acordar** (o→ue) vereinbaren, abmachen | 22 **conmovido** bewegt, gerührt

17. El secreto de Miguel

—¿Por qué estás tan callado hoy, Miguel? —quiere saber Carla, una trabajadora con la que Miguel hace pruebas de costura de nuevos diseños.

—No es nada, no te preocupes, Carla —responde Miguel. Pero Carla tiene razón. Hoy vuelve Jorge a la empresa. Y hoy, sin falta, Miguel tiene que hablar con él. Sara tenía razón. Ya ha llegado el último momento. Después de aquella conversación con Manolo en un arranque se ha atrevido a matricularse, y se lo tiene que decir a su padre. Como sea. Con solo pensar en ello, nota latir fuertemente su corazón. Recuerda la pesadilla. Le sudan las manos. Al menos le da ánimo que Carmen casualmente le haya visto en la Universidad y que hayan hablado un rato. Le dijo que le echaba de menos y le pidió que la llame en cuanto tenga todo en orden.

Jorge llega sobre la una. Saluda a todos, alegre y entusiasmado. Todos le dicen que tiene buena pinta, y que se ve más descansado que antes. Jorge sonríe y les pide que se reúnan todos porque les tiene que contar algo. Cuando ya todos se han acomodado en la sala de reuniones, con su café, por supuesto, Jorge revela sus planes.

—Queridos compañeros, mis amados hijos —dice. He pasado una temporada muy interesante en Fitero. Entre otras cosas he tenido la oportunidad de reflexionar muy a fondo. He comprendido que ha llegado la hora de entregar la antorcha a la nueva generación. Sara y Miguel lo dominan todo, la manufactura marcha bien. A mí casi ya no me necesitáis. Por eso he decidido dejar la fábrica. Veo que sin problema puedo ir retirándome lentamente. Buscaremos algunos colaboradores más y punto.

---

3 la **costura** Nähen, una **costura** Naht | 4 un **diseño** Design | 9 un **arranque** Anwandlung | 24 una **antorcha** Fackel | 27 **ir** + GER allmählich etw tun | 28 un **colaborador** Mitarbeiter

Silencio absoluto. No vuela una mosca. Nadie sabe qué decir. Esto es un golpe inesperado para todos. En silencio, siguen tomando su café.

—Sé que parece muy brusco lo que acabo de decir. Pero mi decisión es firme. Si tenéis preguntas, adelante. Siempre hemos tenido confianza, siempre hemos luchado codo con codo para mantener nuestra fuente de ingresos de una forma inteligente, ética y ofreciendo máxima calidad. Si no estuviera seguro de que con Sara y Miguel todo seguirá igual de bien, seguramente no hubiese llegado tan fácilmente a esta conclusión.

—Pero Jorge —dice José, un obrero—. ¿Tú qué vas a hacer sin tu fábrica? ¿No te vas a morir de aburrimiento?

Todos se ríen. Jorge también.

—Vamos por partes, José —dice—. Vamos por partes. Primero habrá que introducir nuevos colaboradores. Después seguiré cerca, pero haciendo otra cosa muy distinta. Ya lo veréis más adelante.

Los obreros y Sara siguen hablando un rato con él. Luego todos vuelven al trabajo. Solo Jorge se queda, inquieto. ¿Dónde ha estado Miguel? No le ha visto en la sala.

Entra Miguel.

—Pero ¿dónde has estado, Miguel? ¿No te has enterado de que os voy a dejar la empresa a ti y a Sara?

—Sí, papá, sí me he enterado. Pero yo también tengo algo importante que decirte. No voy a seguir en la fábrica. Voy a estudiar Medicina. A partir de ya.

Por un momento a Jorge se le corta el aliento. Cree no haber entendido bien a Miguel. Pero este no repite lo que ha dicho. Ni evita la mirada de su padre. Jorge comprende que lo que ha oído

---

1 una **mosca** Fliege | 4 **brusco** plötzlich, abrupt | 6 un **codo** Ellbogen, **codo a/con codo** *fig* Seite an Seite | 7 **una fuente de ingresos** Einnahmequelle | 26 el **aliento** Atem, **se le corta el aliento** ihm bleibt die Luft weg | 28 **evitar** ausweichen

es verdad, la pura verdad. Y no hay nada que discutir; como él, también Miguel ha tomado una decisión importante en su vida.

Jorge se levanta sin palabras, sale de la sala, baja corriendo al coche y se va a casa, sin decir nada a nadie.

En su cabeza todo está revuelto. ¿Y ahora? ¿Dónde quedan sus ideas de cómo seguir en el futuro?

Al no saber qué hacer, se lanza a una caminata a lo largo del río. No se da cuenta de nada. Ni del sudor. Ni del dolor en sus piernas por no estar acostumbrado a caminar horas y horas campo a través. Furioso va dando paso tras paso y se olvida de todo. Hasta que finalmente vuelve a casa, ya de noche. Está muerto de sed. En la cocina agarra el botijo y casi lo vacía bebiendo a grandes sorbos. Luego se tira en un sofá que tiene en la terraza. No quiere pensar en nada. ¿Qué de los planes tan fabulosos, eh? De la felicidad simple y cotidiana al alcance de la mano, ¿eh? ¡Nada!

Sara ya ha vuelto del trabajo hace rato y está esperando a Jorge, preocupada. Miguel le ha contado el incidente. Al oír que Jorge ha regresado, baja y se sienta a su lado.

—¿Dónde has estado? —pregunta.

—Dando vueltas como un tonto —responde Jorge, agotado.

—Arriba tengo comida hecha. Unos garbanzos con verdura y carne. ¿Quieres que te traiga un plato?

Esta simple pregunta de su hija apacigua la ira desesperada de Jorge de un golpe.

—Sí —responde.

Sara trae comida para los dos. A Jorge los garbanzos le saben fenomenal. Comen en silencio. Jorge lleva la vajilla sucia a la cocina y acerca una botella de tinto y dos vasos, los llena y le ofrece uno a Sara.

---

9 **campo a través, a campo traviesa** querfeldein | 12 un **botijo** Krug, traditionell aus Ton, mit besonderer kleiner Öffnung, um direkt daraus zu trinken, ohne das Gefäß dabei mit dem Mund zu berühren | 15 **al alcance de la mano** *loc* griffbereit | 17 un **incidente** Zwischenfall, Vorfall | 21 un **garbanzo** Kichererbse | 23 **apaciguar** besänftigen

Ambos extienden las piernas cómodamente en el sofá y miran las estrellas. No dicen nada. Se oyen los sorbos. Y el sonido de los vasos cuando los ponen en la mesa.

—Te habrá contado Miguel lo que me ha dicho, ¿verdad? —quiere saber Jorge por fin.

—Sí, claro que me lo ha contado. Se asustó al ver cómo te fuiste sin decir ni pío.

—Se asustó, pero va a abandonar la empresa dejándonos plantados, ¿no?

—Sí, la va a abandonar. Lleva años queriendo estudiar Medicina. Me alegro de que por fin se haya atrevido a matricularse.

—O sea que tú lo sabías.

—Pues sí, papá, lo sabía.

—¿Y nosotros? ¿No ha pensado en nosotros? ¡Necesitamos todas las manos! ¡Cómo puedo retirarme si se va él!

—Sí, papá. Ha pensado todo el tiempo en nosotros. Le ha costado un montón tomar la decisión. Muchas veces me ha confiado que solo está en la empresa por darte una alegría a ti. Pensó siempre que era su deber seguir en la manufactura, pero nunca se sintió feliz con esa perspectiva.

Jorge mira a Sara. ¿Cómo? ¿Miguel nunca se sintió feliz…? ¿Cómo él no se había dado cuenta de esto? ¿Cómo nadie le ha dicho nada? Para Jorge es un choque oír eso.

—¿Y ahora? —quiere saber.

—Me sigues teniendo a mí y a toda la plantilla —dice Sara con toda calma.

—¿Y tú no me vas a decir en algunos años lo mismo? ¿A lo mejor reprochándome que te he robado el mejor tiempo de tu vida? —quiere saber Jorge.

---

1 **extender** (e→ie) ausstrecken | 7 **sin decir ni pío** *coloq* ohne einen Ton zu sagen | 8 **abandonar** verlassen | 8 **dejar plantado** *coloq* sitzen lassen | 12 **o sea que** das heißt, also

—Ay, no, papá. A mí trabajar en la empresa siempre me ha gustado. Cuando estoy allí me siento fuera del tiempo. Me encanta ser zapatera. Y no me importa ser jefa, incluso jefa única si hace falta. En la fábrica me respetan y me quieren, y yo a ellos también. No ves, todos mis amores hasta ahora se han ido porque les pareció que yo ya estoy casada con mi trabajo.

—Cierto —sonríe Jorge—. Parecemos estar casados con nuestro oficio y por lo demás vivimos como eremitas aquí, jaja. Recuerdo muy bien cuando hace unos años volviste desengañada a casa después de uno de estos fracasos amorosos.

—Sí, papá, dos eremitas… qué imagen más bonita y acertada. Pero volviendo al tema: No, no te preocupes. Aprende de tu hijo y no te dejes apartar de tus ideas. Nos has dicho que te vas a retirar de la empresa. ¿Es que has decidido jubilarte?

—Que va —responde Jorge—. Ya os he comentado en nuestras llamadas que me he metido con la jardinería. Y he descubierto por primera vez en mi vida lo que significa hacer algo que me gusta de verdad. Por eso quiero seguir haciéndolo. Pero claro, solo si la empresa funciona bien sin mí.

—Suena muy interesante lo que dices. Y veo la alegría en tus ojos cuando hablas de ello. Así que te repito: encontraremos la solución para todo. No te dejes apartar de tus ideas…

—Necesito digerir todo esto —dice Jorge—. Y dormir algo. Aquí afuera, al sereno de la noche.

Sara le acerca una manta ligera del salón.

—Buenas noches, papá.

—Buenas noches, hija mía. Me alegro de que seas mi hija.

---

9 desengañado enttäuscht | **10 un fracaso** Scheitern | **11 acertado** treffend | **13 apartar** abbringen | **24 al sereno (de la noche)** im Freien

Sara se retira sonriendo. Jorge se queda mirando las estrellas. Oye las ranas. Ve una salamanquesa en la pared de la casa. Sin saber por qué siente cierta paz por dentro.

Al poco rato se ha quedado dormido.

18. Un recuerdo

Poco después Jorge se despierta, todo sudado y sobresaltado. Un recuerdo le ha sobrevenido como un rayo.

A Jorge, que tiene unos cinco años, le gusta observar a Juan, un vecino del pueblo. Juan es jardinero. Planta toda clase de verduras y hierbas y luego las vende en el mercado. Jorge ve con cuánto cariño hace Juan su trabajo. Un día Juan le descubre y le invita a mirar de cerca lo que hace. Y así, poco a poco, Jorge se va sumergiendo en el maravilloso universo de las plantas.

Pasan los meses. Pasa un año. Hasta que Juan un día le pregunta a Jorge si quiere plantar sus propias verduras en un trocito de tierra. ¡Está claro que Jorge quiere!

Entusiasmado y con las mejillas coloradas Jorge cuida de sus plantas y va viendo cómo crecen, abren sus flores y finalmente desarrollan sus frutos. Un día Juan le permite coger sus primeros pepinos. Feliz y orgulloso Jorge se marcha a casa, el brazo lleno de pepinos que él mismo ha plantado y cuidado.

—¡Mira, papá, mira! ¡Mira qué bonitos son estos pepinos que traigo aquí! —dice corriendo hacia su padre que está sentado en la cocina.

—¿Y de dónde traes esos pepinos? —quiere saber su padre.

—¡Los he plantado yo, papá! —se alegra Jorge.

---

2 una **rana** Frosch | 2 una **salamanquesa** Gecko | 6 **sobresaltarse** aufschrecken | 12 **sumergirse** s. versenken | 17 una **mejilla** Wange | 20 un **pepino** Gurke | 20 **orgulloso** stolz

—¿Cómo? ¿Es que no tenemos dinero para comprar todos los pepinos que quieras, Jorge? ¿Acaso somos pobres? ¡No! Nosotros somos zapateros, no jardineros, ¿vale? ¡Déjate de esas pamplinas! No quiero que vuelvas con cosas de estas, ¿vale?

Jorge está asustado. No comprende nada. Solo una cosa: tener alegría es malo. Eso enfada a papá. Si quiere que papá le quiera, no debe tener alegría.

Sale corriendo de la cocina y se esconde en el jardín hasta la cena.

Y desde entonces ya no es aquel Jorge radiante de alegría.

Su abuelo le va enseñando el arte de la familia. Lo único que consuela algo a Jorge es el hecho de que su abuelo también ama su trabajo. Es maravilloso observarle. Esto le hace soportar y aprender a cortar el cuero y coser los zapatos. Hasta que la satisfacción de ver sus propios trabajos realizados le hace olvidar su gran amor a las plantas y el dolor de no poderlo vivir.

A Jorge se le llenan los ojos de lágrimas. Son lágrimas de dolor, del dolor que le sobreviene como un huracán. No del dolor del cuerpo, sino del alma. No se mueve. Solo las lágrimas corren por sus mejillas y le van mojando la almohada. Le da igual, le sienta bien. Qué pena le da el pobre muchachito inocente que no comprendió lo que le estaba pasando… Cada vez que lo piensa le vienen más lágrimas. Se da la vuelta y se enrolla en el sofá; ahora le duele hasta el vientre. Tantos años que lo tenía olvidado… Toda una vida en el fondo infeliz y sin alegría propia. Toda una vida solo haciendo lo que se le había encargado y nada más. Paco tenía razón con eso de la tradición familiar, ahora finalmente lo sabe. Todos los hilos se unen. Pero duele tanto…

---

10 **radiante** strahlend | 13 **soportar** ertragen | 17 una **lágrima** Träne | 20 **mojar** nass machen | 24 el **vientre** Bauch | 26 **encargar uc a up** jdm etw auftragen | 28 un **hilo** Faden

Ahora comprende por qué se sintió como en casa y tan feliz cuando conoció a Tomás. Y agradece esta puerta silenciosa que la vida le ha abierto por un accidente afortunado aunque muy doloroso.

Pasan las horas. El ver en su interior al niño tan triste y rechazado tan bruscamente y el llorar por él de todo corazón lentamente le va llenando de un consuelo profundo. Finalmente, el río de sus lágrimas se seca y Jorge se relaja. Ahora todo está en orden. No puede volver el tiempo hacia atrás, pero puede mirar hacia adelante.

Cuando se despierta al día siguiente por primera vez se siente en plena paz consigo mismo. Y sabe lo que tiene que hacer.

19. Padres e hijos

Cuando Jorge llega a la empresa, Sara y Miguel ya están en la oficina. Jorge se acerca a Sara. —Tranquila, estoy bien. Ya te contaré con más calma. Ahora me tienes que dejar a Miguel unas cuantas horitas, ¿vale?

—Claro, papá, no pasa nada.

Jorge se dirige a Miguel.

—Ven, hijo mío, vamos a dar una vuelta por el pueblo.

Miguel, algo inquieto, le obedece. Observa a su padre. Parece estar relajado y le sonríe. Miguel también se relaja algo.

—¿Tienes ganas de tomarte unos churros donde Pepe? —quiere saber Jorge—. ¿Te he contado alguna vez que muchas veces me han endulzado la mañana después de las noches en vela? La verdad es que hace churros que parecen poesías, y tengo ganas de verle. ¡Ven!

Salen de la fábrica y se acercan a la panadería de Pepe. Se sientan con toda calma y disfrutan de los churros.

---

5 **rechazar** zurückweisen | 6 **bruscamente** brüsk, gewaltsam | 7 un **consuelo** Trost | 24 una **noche en vela** durchwachte Nacht

Pero Miguel cada minuto que pasa se siente más tenso. ¿Y ahora? ¿Qué le va a decir su padre? ¿Será él capaz de defender su decisión de estudiar?

—Disculpa, Miguel —comienza Jorge—, que en todos estos años ni me he dado cuenta de que lo de la zapatería no es lo tuyo. Me da la impresión de que he estado ciego en un punto donde yo mismo he estado herido.

—¿Cómo herido, papá, en qué sentido? —quiere saber Miguel. ¿Su padre no le va a regañar por dejar la empresa?

—A mi padre le pareció ley indudable de la vida que yo siguiera haciendo lo mismo que él. Al fin y al cabo, su padre tampoco le había preguntado si quería ese oficio o no. Esas eran cosas que no se discutían, jamás. Entonces, la posible duda y la frustración también se escondían dentro de uno por el simple hecho de no tener permiso de existir siquiera. Es decir, uno está herido, pero no lo percibe. Esto es lo que quiero decir con ciego y herido. Y por este motivo a mí jamás se me ocurrió pensar que tú a lo mejor habías nacido para otra tarea en la vida.

Sara me contó anoche que siempre has seguido en la manufactura por pensar que es tu deber hacerlo. Y la verdad, has percibido y respondido a lo que nuestra tradición y yo te hemos dicho, aunque sin palabras. Lo que te estoy diciendo no pretende ser una justificación, pero sí una explicación.

—¿Y cómo has podido comprender todo esto —pregunta Miguel—, si tú también has estado ciego?

Jorge le cuenta lo que le ha pasado en Fitero y cómo el recuerdo que le ha vuelto esta misma noche finalmente le ha aclarado todo.

Miguel está asombrado. Recuerda cómo ha seguido leyendo sus libros de Medicina en secreto después de que Jorge se riera de su

---

6 ciego blind | **10 indudable** nicht anzuzweifeln, unzweifelhaft | **14 esconderse** s. verbergen | **22 pretender** + INF sollen, wollen, versuchen, streben

interés por el tema. De golpe, le suben las lágrimas a los ojos. Jorge lo ve. Se acerca con la silla, abraza a Miguel y le acaricia la espalda.

Miguel le cuenta su recuerdo.

—Parece que la historia siempre se repite —dice cuando termina; casi no puede hablar.

—Eso parece —responde Jorge, a quien ahora también le sobrevienen las lágrimas: ni se acuerda de la escena y esto le da mucha pena—. Pero tú y yo ahora la vamos a cambiar. ¿Vale?

—Vale…

Se abrazan fuertemente, en silencio, y no les importa si hay gente que los vea llorando.

Después de un rato se vuelven a mirar. Aunque siguen brotando más lágrimas se ríen de sus caras mojadas y de los ojos rojos. Se los secan con las servilletas que hay en la mesa. Lentamente se tranquilizan.

—Ya sabes, Miguel —sigue Jorge después—, para mí la libertad y el respeto mutuo siempre han sido esenciales. Lo que no sabía era que deben incluirnos a nosotros mismos. Pero lo he aprendido en Fitero. Sin estas dos cosas solo hay miedo y dependencia, y no amor verdadero. Y sin amor la vida se vuelve insoportable. Esto ya lo hemos experimentado, ¿verdad? Así que, Miguel, tienes todo mi apoyo para tu proyecto —dice Jorge—. Ya aparecerá una solución para que Sara no tenga que enfrentarlo todo sola. Incluso —sigue—, si me preparo la casita vieja en nuestro huerto como vivienda, tú y Carmen podéis usar el bajo de la casa familiar. Así no tendréis que pagar alquiler y podréis dedicaros mejor a vuestros estudios. Solo si queréis, claro. Ya me dirás.

Miguel siente como si se le cayese un peso enorme de los hombros. Un peso que percibió como demasiado pesado porque no

---

2 acariciar streicheln | **17 mutuo** gegenseitig | **25** una **vivienda** Wohnung | **25** un **bajo** Erdgeschoss

era el suyo. Todo el temor que siempre ha tenido se va desvaneciendo en su interior. En su lugar solo queda alegría. Profunda alegría.

—Venga, chico —le dice su padre —, y ahora nos damos una buena vuelta por el pueblo. Nos hemos ganado este tiempo libre, solo para nosotros dos, padre e hijo, ¿no crees?

Miguel asiente con la cabeza. Todavía no se acaba de creer lo que está sucediendo.

Se despiden de Pepe, pasean por la parte antigua y terminan en la plaza. Saborean un café y un bollo en un bar. Se alegran de la luz del sol y de la suave brisa que se levanta. Observan a la gente. Se ríen. Charlan y se cuentan las cosas más importantes que han pasado en el verano. Se sienten a gusto. Después de dos horas deciden regresar al trabajo. Y por dentro se sienten como nuevos.

20. Hacia adelante

Al día siguiente padre e hijos se sientan juntos para hablar de cómo organizar la entrega de la empresa a Sara. Después Sara y Miguel se van a una feria de zapatos para presentar los productos de la Zapatería Torres y hacer contactos. También esperan dar con zapateros que quieran apuntarse para trabajar en la fábrica. Jorge se queda en la oficina.

—Ahora tendremos que buscar unos zapateros —le dice a Marisa, la nueva secretaria—. Quizás Sara y Miguel encuentran a alguien en la feria, pero no sabemos.

Marisa le enseña dos páginas web.

—Mira, Jorge, estos son dos zapateros jóvenes que tienen sus pequeños talleres en mi barrio en Madrid —explica—. Trabajan

---

1 **desvanecerse** verfliegen | 11 **suave** mild, sanft | 17 una **entrega** Übergabe | 18 una **feria** Messe | 20 **apuntarse para** mitmachen wollen bei

muy bien. Si quieres les podría preguntar si tienen interés en colaborar con nosotros, aunque sea a tiempo parcial.

—Muy buena idea —responde Jorge—. Si les interesa acuerda citas con ellos.

Cuando Sara y Miguel regresan de la feria, no solo traen algunos encargos y nuevos contactos, sino que también han acordado una cita con un zapatero joven con taller ecológico propio en Galicia que tiene interés en conocer la empresa. Se llama Jacinto.

—Uyuyuy —se ríe Miguel cuando se lo cuenta a Jorge—. Me da la impresión de que esto ha sido algo más que un mero contacto profesional. Hubieras visto cómo se miraban Sara y él… A modo de relámpago…

—Hombre, cállate, Miguel —le regaña Sara a Miguel—. No ha sido nada. Pero sí nos caímos muy simpáticos, desde el primer momento. Eso no es nada malo, ¿no?

—No, Sara, cómo va a ser algo malo —sonríe Jorge—. ¿No os he contado nunca que supe desde el primer momento de verla que vuestra madre era la mujer de mi vida? Pero no nos anticipemos. Además, esto no es algo que nos deba interesar a ti y a mí, Miguel. Es cosa de Sara únicamente. ¿No crees?

—Ya, papá, tienes razón. No pude contenerme. Era encantador observarlos y tuve que comentarlo.

—¡Oye, chicos, que estoy aquí presente! —protesta Sara.

—Tranquila, Sara —dice Jorge—. ¿Cuándo viene a visitarnos Jacinto?

—El lunes en dos semanas —responde Sara—. Pero no sé si viene para trabajar con nosotros. Simplemente quiere conocer la empresa. Le gustó mucho lo que le comenté sobre ella.

---

2 **a tiempo parcial** Teilzeit | 11 **hubieras visto** wenn du gesehen hättest | 12 un **relámpago** Blitz | 18 **anticipar(se)** vorwegnehmen | 21 **encantador** charmant, entzückend, reizend

—No importa. Marisa ha contactado a dos zapateros de por aquí y vienen a vernos la semana que viene —explica Jorge—. Así que algo saldrá, estoy seguro. Y hasta que se encuentre a alguien me tenéis aquí para echar una mano si hace falta. Donde sea. En la oficina, en el taller… ah, y antes de que se me olvide: para mañana he hecho una cita con nuestro abogado para que haga el contrato que hemos apalabrado para la entrega de la empresa a Sara. Además, me encuentro esta tarde con un arquitecto para planear la casita para mí. A ver si se arregla pronto. Y he invitado a Tomás este fin de semana para que me ayude a calcular y planear el huerto. Es decir, las cosas ya están en marcha. ¿No queréis que celebremos el inicio de una nueva fase de nuestra vida?

Sara y Miguel asienten y acuerdan cenar juntos en la terraza de la casa paterna. En el futuro, deciden, pasarán más ratos juntos. Fuera del trabajo, se entiende.

9 **arreglar** in Ordnung bringen, regeln

Abreviaturas y símbolos

aquí:	=	señala un significado específico de la palabra en el contexto
coloq	=	coloquial
despect	=	despectivo (abwertend)
eigt	=	eigentlich
etw	=	etwas
Esp	=	peninsularismo, expresión típica del español de España
f	=	femenino
fam	=	lenguaje familiar
fig	=	lenguaje figurativo
GER	=	gerundio
IMP	=	imperfecto
INF	=	infinitivo
irón	=	irónico
jmd/jdm/jdn	=	jemand/em/en
loc	=	locución, giro idiomático (Redewendung)
m	=	masculino
PART	=	participio
p ej	=	por ejemplo
pl	=	plural
pres	=	presente
s	=	singular
s.	=	sich
SUBJ	=	subjuntivo
SUST	=	sustantivo
uc	=	una cosa, algo
up	=	una persona, alguien
vulg	=	expresión vulgar
≠	=	contrario de
→	=	remite a una palabra ya conocida

(e → i), (e → ie), (o → ue) verbo con cambio vocálico en la raíz (Verb mit Vokalwechsel im Stamm)